소심한 당신을 위한
멘탈 처방 70

마음이 부서지기 전에 …

소심한 당신을 위한
멘탈 처방 70

멘탈 닥터 시도 지음

책을 펴내며

생각을 바꾸면 스트레스를 줄일 수 있습니다

인터넷에 넘쳐나는 정보 중에는 잘못 알려진 것들이 많습니다. 정신과에 관련된 정보도 마찬가지입니다. 정신과에 다니면 약을 끊지 못한다거나, 정신과에 한번 입원하면 퇴원이 어렵다는 이야기들이 그것입니다. 정신과 환자는 무슨 짓을 저지를지 알 수 없다거나, 그래서 정신질환자는 입원시키는 방법밖에 없다는 식의 차별이나 편견도 눈에 띕니다.

블로그나 유튜브에는 비전문가들이 저마다 한마디씩 합니다. 대부분은 신빙성이 없다는 것이 문제입니다.

정신과 전문의 입장에서, 정신질환에 대한 올바른 지식을 알리고 정신과에 대한 차별과 편견을 없앨 필요가 있다고 생각했습니다. 일상생활이나 인간관계에 대한 고민으로 마음 편히 지내는 방법을 찾고 있는 사람들이 많다는 사실도 알게 되었습니다. 정신과에 다니는 사람들만 정신과에 대한 지식과 정보를 필요로 하는 것은 아니었습니다.

건강하지 못한 식생활이나 습관이 존재하듯 건강하지 못한 사고방식도 존재합니다. 건강하지 못한 습관이 지속되면 몸에 나쁜 영향이 나타나듯, 건강하지 못한 사고방식이 지속되면 마음에 나쁜 영향이 나타나게 됩니다.

몸에 나타나는 영향은 증상이나 검사에 의해 어느 정도 객관적으로 알 수 있기 때문에 빠른 대처가 가능하지만, 마음에 나타나는 영향은 눈에 보이는 부분이 작은 데다 악화될 경우에도 '신경 쓰면 되겠지'라는 생각으로 적절한 시점에 브레이크를 걸지 못하는 경우가 흔합니다. 건강하지 못한 사고방식이 어떤 영향을 가져오는지 미리 알아두었다가 빨리 대처하는 게 그래서 중요합니다.

이 책을 집필하게 된 것은 이 세상에 흘러넘치는 건강하지 못한 사고방식을 되도록 줄여서, 좀 더 많은 사람들이 마음에 부담을 갖지 않도록 하는 데 도움을 주고 싶었기 때문입니다.

이 책에서는 일상생활에서 부딪히는 70가지 고민을 소개하고 각각의 대처법을 제시했습니다. 여섯 개의 주제로 장을 나누었으므로 자신과 연관되는 생각이나 고민만을 골라서 읽어도 좋습니다.

어떤 고민거리에 대해서든 알기 쉽게 설명하려고 했습니다. 혹시라도 건강하지 못한 생각을 하는 버릇이 있다면, 어떻게 하면 생각을 바꿀 수 있을지 이 책을 통해 방법을 찾으시기 바랍니다.

이 책에 소개한 70개의 고민거리 중 자신에게 해당되는 것을 발견했다면 '이렇게 생각할 수도 있구나' 하는 마음으로 한번 읽어보시기 바랍니다. 그러다가 실생활에서 똑같은 고민거리에 맞닥뜨렸을 경우, '아, 맞아. 그 책에 이런 게 쓰여 있었지'라고 떠올리면 좋겠습니다. 이렇게 되풀이하다 보면 일상생활이나 인간관계가 지금보다는 분명 편해질 것입니다.

자신에게 맞지 않는다고 느껴지는 부분이 있다면 무리하게 받아들이려고 할 필요는 없습니다. 어떤 일을 받아들이고 그것에 대해 생각하는 방식은 사람마다 다 다릅니다. 그것을 인정하면 마음이 편해집니다. '생각을 바꾸면 스트레스를 줄일 수 있다'는 사실을 여러분 모두 깨달았으면 좋겠습니다.

저마다 살면서 맞닥뜨리는 고민은 끝이 없을 것입니다. 안 좋은 일들이 계속해서 일어나면 사는 게 괴롭고 삶에 의욕마저 없어지기도 합니다. 일상 속에서 닥치는 고민이나 안 좋은 일들을 줄인다면 지금보다는 사는 게 편해질 것입니다.

이 책을 통해서 독자 여러분의 일상적인 고민이 조금이라도 가벼워질 수 있다면 정신과 의사로서 이보다 더 기쁜 일은 없을 것입니다.

멘탈 닥터 시도

차례

1장 정신적으로 지쳐 있다

01 다른 사람이 어떻게 생각할지 무척 신경 쓰인다 18
02 항상 밝은 표정으로 손해 보는 역할만 한다 22
03 늘 분위기를 먼저 살핀다 26
04 언제나 다른 사람의 불평을 들어주게 된다 30
05 “못 하겠는데요”라는 말이 도저히 나오지 않는다 34
06 퇴근 시간이 돼도 눈치 보며 칼퇴근을 못 한다 38
07 화나는 일이 있어도 ‘참고, 견디고, 넘기며’ 지낸다 42
08 SNS에 글을 올리는 게 내키지 않는다 46
09 무슨 일이든 ‘내 탓’이라는 생각을 한다 50
10 ‘읽씹’ 당하면 움츠러든다 54
11 완벽하게 하지 않으면 직성이 풀리지 않는다 58
12 거절당할 게 두려워 부탁하지 못한다 62
13 피곤함을 무릅쓰고 무리하곤 한다 66

2장 마음에 벽이 있다

14 싫어하는 사람 생각으로 머리가 가득 차 있다 72

15 직장에 불쾌한 사람이 있어서 피곤하다 76

16 고압적인 직장 상사 때문에 움츠러든다 80

17 일방적으로 나를 싫어하는 사람, 이유가 뭘까? 84

18 다른 사람의 충고나 반론을 공격적으로 받아들인다 88

19 '잘 안 맞는다'고 생각되는 사람이 있다 92

20 안하무인인 사람 때문에 스트레스가 쌓인다 96

21 화상회의에서 말을 잘하지 못한다 100

22 회식은 괴롭기만 하다 104

23 대화에 끼지 못해 고독을 느낀다 108

3장 그 사람, 어떻게 좀 안 될까…

24 화가 나면 감정대로 행동해버린다 114

25 윗사람의 부당한 대우에 화가 치민다 118

26 사사건건 남을 깎아내리는 사람이 있다 122

27 위한다는 구실로 나를 괴롭힌다 126

28 꼰대 같은 직장 상사에게서 벗어나고 싶다 130

29 쓸데없는 참견과 충고에 짜증이 난다 134

30 요령 없이 일하는 사람을 보면 화가 난다 138

31 열심히 하지 않는 사람을 도저히 못 봐주겠다 142

32 한순간에 화가 폭발할 때가 있다 146

33 남과 비교하며 스스로 평가절하한다 150

34 나보다 행복해 보이는 사람이 너무 부럽다 154

35 인기 있는 SNS를 보면 눈에 거슬린다 158

36 팔로워 숫자가 많은 사람을 질투하게 된다 162

4장 나를 사랑하고 싶다

37 늘 나 자신을 부정적으로 본다 168

38 주변 사람과 끊임없이 비교하게 된다 172

39 스스로 초라해지는 느낌이 든다 176

40 멘탈이 약한 자신에게 실망하곤 한다 180

41 모든 사람이 내게 화가 나 있는 것 같다 184

42 고객이 던진 말이 잊혀지지 않는다 188

43 상사의 상처 주는 말 때문에 우울해진다 192

44 현실이 이상을 도저히 따라가지 못한다 196

45 정신과에 가봐야 할지 고민 중이다 200

5장 안 되는 일투성이다

46 실패할까 봐 걱정이 앞선다 206

47 숫기가 없어서 행동하지 못한다 210

48 나 자신을 과소평가하고 있다 214

49 남의 시선을 의식하지 않는 사람이 부럽다 218

50 온라인 모임에서 집중이 잘 되지 않는다 222

51 과거 일에 연연한다 226

52 기분 전환을 제때 잘하지 못한다 230

53 패배의식에서 빨리 벗어나지 못한다 234

54 자기 주관 없이 이리저리 흔들린다 238

55 쉬어야 할 때도 쉴 줄을 모른다 242

56 부정적인 사고방식이 개선되지 않는다 246

57 현실 세계에서 관계 맺기가 힘들다 250

58 지금 하는 일이 나와 맞지 않는 것 같다 254

59 변화에 뒤처질지 모른다는 불안감이 있다 258

6장 아무도 알아주지 않는다

60 좋아하는 일을 하며 살고 싶다 264

61 마음을 털어놓고 이야기 나눌 사람이 있으면 좋겠다 268

62 다른 사람으로부터 인정받고 싶다 272

63 성과가 나오지 않아 슬럼프에 빠졌다 276

64 일에서 보람을 찾을 수가 없다 280

65 발전 없는 단순 작업에 회의가 든다 284

66 출근, 퇴근의 반복으로 무기력증에 빠졌다 288

67 직장에서 마음 둘 곳이 없다 292

68 불평, 불만을 토해내고 싶다 296

69 막연한 불안감이 나를 지배하고 있다 300

70 이대로 괜찮은 걸까 고민이다 304

1장

정신적으로 지쳐 있다

다른 사람이 어떻게 생각할지 무척 신경 쓰인다

항상 밝은 표정으로 손해 보는 역할만 한다

늘 분위기를 먼저 살핀다

언제나 다른 사람의 불평을 들어주게 된다

"못 하겠는데요"라는 말이 도저히 나오지 않는다

퇴근 시간이 돼도 눈치 보며 칼퇴근을 못 한다

화나는 일이 있어도 '참고, 견디고, 넘기며' 지낸다

SNS에 글을 올리는 게 내키지 않는다

무슨 일이든 '내 탓'이라는 생각을 한다

'읽씹' 당하면 움츠러든다

완벽하게 하지 않으면 직성이 풀리지 않는다

거절당할 게 두려워 부탁하지 못한다

피곤함을 무릅쓰고 무리하곤 한다

CASE 01

다른 사람이 어떻게 생각할지 무척 신경 쓰인다

최근 〈미움받을 용기〉 같은 책들이 인기를 끌면서 '다른 사람은 신경 쓰지 말라'거나 '주변 사람들의 의견은 무시하라'는 식의 조언이 부쩍 눈에 띈다. 그렇게 생각하면 확실히 마음은 편할지 모르겠지만 그리 간단한 것은 아니다.

다른 사람이 어떻게 생각할지 늘 신경 쓰여 정신적으로 쉽게 피곤해지는 당신. 하지만 나만 특별하거나 이상한 것은 아니다. 이 세상 사람들은 대부분 주변 사람들이 어떻게 생각하는지 신경 쓰이고, 다른 사람이 자기를 싫어하면 상처를 입는다. 신경 쓰이지 않는다는 것은 거짓말이다.

다른 사람이 무슨 말을 하건 신경 쓰지 않는 사람은 일부 특수한 사람들이다. 주변 사람들의 시선을 신경 쓰는 것은 사회생활을 하는 데에 필요한 감각이며, 한편으로는 주변에 대해 배려를 하고 있다는 증거이기도 하다.

다만, 모든 사람으로부터 호감을 사는 것은 불가능하다는 것만은 확실하다. 머릿속에 넣어두도록 하자. 어떤 사람이든 자기와 마음이 맞지 않거나 궁합이 나쁜 상대가 있기 마련이다. 그런 사람으로부터 호감을 사기 위해 쓸데없는 노력을 하기보다는, 자기를 좋아해주는 사람과 좋은 관계를 오랫동안 지속하는 것에 시간을 투자하는 편이 인생을 보다 윤택하게 사는 방법이 아닐까? 별로 마음에 들지 않는 상대가 나에게 잘 보이려고 적극적으로 다가온다는 느낌이 들면 오히려 더더욱 싫어지는 법이다.

'이렇게 하면 상대가 나를 싫어하지 않을까' 하는 생각으로 전전긍긍하면 인생이 너무나도 피곤하다. 나를 좋아할지 싫어할지 결정하는 것은 상대방의 자유다. '뭐 그런 사람도 있겠지지'라는 식으로 마음에 여유를 가지고 상대방의 생각을 존중해주는 게 편하게 사는 방법이다.

멘탈 닥터's Message

다른 사람들의 평가에

신경 쓰는 것은 당연하다

하지만 자기와 잘 맞지 않는 사람한테

호감을 사려고

억지로 노력할 필요는 없다

CASE 02

항상 밝은 표정으로 손해 보는 역할만 한다

누구한테나 밝은 표정을 짓는 사람은 무리해서라도 상대방을 기쁘게 해주고 싶다는 마음이 있기 때문이다. 그런 마음을 갖는 당신, 무척이나 타인을 배려할 줄 아는 사람일것이다. 하지만 상대방에 대한 배려가 지나친 나머지 자기 마음은 깔아뭉개고 있는 것은 아닌지….

이런 식의 태도가 계속되다 보면 점점 자기 의견을 말하지 못하게 되고, 주변 사람들에게 늘 휘둘리기만 하는 삶을 살게 된다. 더 나아가, 늘 상대방의 요구에 따라주기만 하다 보면 어느새 그게 당연한 것이 되어 어떤 배려에도 상대방은 점점 기뻐하지 않게 된다. 원래 상대방을 기쁘게 해주고 싶어서 배려했던 것인데 어느새 그런 목적조차 이루어지지 않게 되는 셈이다.

상대방이 기분 나쁘겠다 싶어서 거절하지 못한다거나 'No'라고 말하면 상대방에게 미안한 마음이 든다고 생각하는 사람이 많은데, 절대 그렇지 않다. 당신에게 뭔가를 부탁한 사람의 말을 들어줄 수 없을 때는 "미안하지만 이런저런 사정이 있어서 못하겠다"라고 솔직하게 자신의 뜻을 전달해보자. 그러면 상대방 역시 이해할 게 분명하다.

방법만 잘 연구한다면 밝은 표정으로 부드럽게 거절하는 것도 전혀 불가능하지 않다. 나의 거절로 잠깐 동안이나마 상대방이 불쾌감을 가질 수는 있을 것이다. 하지만 웬만큼 집요한 성격이 아닌 한 얼마간 시간이 흐른 뒤에는 잊어버린다.

자신의 마음을 지키기 위해서라도 잘 거절할 줄 아는 사람이 되겠다는 목표를 세워보자. 상대방에게 필요한 사람이 되는 것도 좋지만, 언제나 손해 보는 역할만 하고 있으면 자아를 지킬 수가 없다.

스스로 한계선을 만들어놓고 그보다 조금 앞쯤에서 스트레스를 피한다는 생각으로 행동해보자. 스트레스는 만병의 근원이므로, 밀려오는 스트레스를 미리 피할 수만 있다면 스트레스로 인한 질병을 예방하는 데에도 도움이 된다. '이런 상태가 계속되면 좋지 않겠다'는 느낌이 드는 행동은 되도록 줄이는 것이 현명하다.

멘탈 닥터's Message

상대에게 좋은 모습을 보이려고
늘 손해 보는 역할만 할 필요는 없다.
밝은 표정으로 부드럽게
거절하는 방법을 연구해보자.

CASE 03

늘 분위기를 먼저 살핀다

몇 사람이 모이면 눈치를 보며 먼저 분위기부터 살피는 사람들이 있다. 전체의 조화를 깨뜨리지 않으려는 마음 때문일 것이다.

하지만 지나치게 분위기를 살핀다는 것은 자기를 억눌러 참아야 한다는 것을 의미한다. 때문에 스트레스가 쌓이는 계기가 될 수도 있다. 지나치게 다른 사람에게 자기를 맞추는 행위를 '과잉 동조성'이라고 한다. 지나친 자기 억제로 스트레스를 피하기 위해서는 자신의 의견을 확실하게 주장하는 것이 중요하다.

그렇다고 해서 '분위기를 살피는' 행위를 하지 말라는 것은 아니다. 분위기를 살핀다는 것은 그만큼 상대방의 기분을 존중하고 있다는 증거이며, 다른 사람의 표정을 살피는 것은 원활하게 일을 진행하는 데에도 도움이 된다.

내가 분위기를 살핌으로써 모두의 의견이 잘 수렴되고, 그렇게 되면 모임 전체의 행복도가 올라갈 수도 있을 것이다. 그러므로 꼭 '분위기를 살펴 눈치 보는 행동을 하지 말자'고 마음먹을 필요는 없다. 중요한 것은 분위기를 살피는 것이 자신에게 스트레스가 되는지 아닌지 판단하는 것이다.

자기 의견을 주장하다가 팀 전체의 분위기가 나빠지거나 조화가 깨질 경우, 그것이 오히려 더 큰 스트레스로 다가오는 사람도 있다. 그런 경우라면 억지로 자기 의견을 주장할 필요가 없다. 그냥 흘러가는 대로 행동하는 게 더 편안할 것이다.

분위기를 살피는 게 스트레스가 되는 사람이 있는가 하면, 자기 의견을 주장하는 게 오히려 스트레스가 되는 사람도 있다. 사람마다 다 생각이 다르므로 스스로 어떤 것에 스트레스를 받는지 살펴서 이를 피하는 것이 현명하다.

멘탈 닥터's Message

분위기를 살피는 것이

나쁜 것은 아니다.

다만, 지나치게 분위기를 살피다가

스트레스를 받게 되지는 않는지

주의를 기울이자!

CASE 04

언제나 다른 사람의 불평을 들어주게 된다

뭔가에 화가 나 있거나 주변을 비판하기만 하는 사람이 어딜 가든 있다. 입만 열면 불평 또 불평. 옆에서 듣는 사람은 피곤해지기 일쑤지만, 그에 대해 반박하면 화살이 자신에게 날아올지 몰라서 섣불리 대응하기도 어렵다.

그런 상황에 놓였을 때는 그 사람으로부터 멀리 피해 있는 게 상책이다. 피하고 나면 당장은 비난을 받거나 상대가 섭섭함을 느끼게 될 가능성이 많지만 길게 보면 피하는 편이 낫다.

상대방을 갑자기 피하는 게 어렵다면 시간이 걸리더라도 조금씩 거리를 두는 것도 방법이다. 점점 연락을 줄이고, 만나는 횟수를 줄여나감으로써 서서히 멀어져가는 것이다. 그쪽에서 연락해오더라도 어떻게든 이유를 붙여서 거절하도록 한다. 내 마음을 소모시키는 상대와 언제까지고 관계를 유지할 필요는 없다.

다만, 도저히 피할 수 없는 상대방에게서 불평을 들을 수밖에 없을 때는 가능하면 빨리 그 불평을 끝내게 만드는 것이 좋다. 가장 좋은 방법은 '듣는 기술'을 익히는 것이다. 상대의 눈을 똑바로 보면서 "그렇겠네", "힘들겠다" 하는 식으로 맞장구를 쳐주는 것이다. 그와 함께 약간 과장되게 고개를 끄덕이며 들어보자. 확실하게 경청함으로써 불평 듣는 시간을 단축할 수 있다.

그래도 질질 끌 것 같으면 "좀 이따 연락해야 할 일이 있으니까 00시까지만 들을게" 하는 식으로 시간을 확실히 정해둔다.

그조차도 어렵고 그 사람을 피하는 것 역시 쉽지 않을 때는 단도직입적으로 진지하게 "늘 그렇게 불평만 하니 듣는 나도 정말 피곤해"라고 말하는 것도 하나의 방법이다. 그 말을 알아듣는 상대라면 오히려 더욱더 좋은 관계가 되는 계기가 될 것이다.

멘탈 닥터's Message

끊임없이 불평만 듣고 있는 건 괴로운 일이다.
자기 마음에 심한 부담이 될 경우에는
그 상황을 피하거나 상대방으로부터
거리를 두는 것도 고려해보자.

CASE 05

"못 하겠는데요"라는 말이 도저히 나오지 않는다

회사라는 조직에 속해 있다 보면 아무래도 이런 저런 일이 나에게 돌아오기 마련이다. 개중에는 꼭 내가 해야 하는 건 아니라고 생각되는 업무, 분명히 내 역량을 넘어서는 업무, 지금 당장 할 필요는 없는 업무도 있다.

그럴 때 단호하게 "못 하겠는데요"라고 말하면 편안할 텐데 그 한 마디가 도저히 입 밖으로 나오지 않는다. 그래서 괴롭다고 하는 사람이 상당히 많다. 이럴 때 내 생각과 대응을 바꾼다면 훨씬 부담을 줄일 수 있을 것이다.

우선 생각을 바꾸는 방법부터 연구해보자. 업무가 자신에게 떨어졌을 때 대부분의 사람들은 '이것은 할 수 있다'거나 '할 수 없다'거나 둘 중 하나를 고려한다. 그러나 실제 업무는 그보다 좀 더 복잡하다. '할 수는 있지만 시간이 걸린다'거나, '할 수 없지는 않겠지만 하고 싶지 않다', '하고 싶지만 이건 나 혼자서는 안 된다' 등등 선택지가 여러 가지다.

따라서 뭔가 업무가 나에게 돌아왔다면 '할 수 있다'거나 '할 수 없다'는 식의 양자택일로만 받아들일 게 아니라 그 업무에 대한 심리적 평가(어느 정도 관여하고 싶은가)와 물리적인 전망(어느 정도 시간이 걸리고, 어느 정도 달성할 수 있을 것인가) 등에 대해 시뮬레이션을 해보도록 하자. 시뮬레이션 결과, 솔루션이 명확해지면 "못 하겠는데요"라고 대답하는 대신 "저는 그 분야에는 자신이 없으니 도와줄 사람을 붙여주세요"라거나 "도와드릴 수는 있지만 시간을 좀 주세요"라는 식으로 더욱 구체적인 제안을 할 수 있게 된다.

당장 구체적인 이유가 떠오르지 않는다면 일단 시간을 벌기 위해 "미안하지만 한번 검토하게 해주세요"라고 말하는 것도 괜찮다. 검토해본 결과 역시 못 하겠다는 생각이 들면 그때 가서 거절하면 되고, 해도 괜찮겠다는 생각이 든다면 받아들이면 된다. 그 자리에서 단칼에 거절할 것이 아니라 일단 시간을 두고 생각해보는 것이 중요하다.

멘탈 닥터's Message

억지로 떠맡겨지는 업무는

즉시 받을 게 아니라

항상 '보류'라는 선택지를 고려해보자.

CASE 06

퇴근 시간이 돼도 눈치 보며 칼퇴근을 못 한다

퇴근 시간만 되면 눈치가 보인다는 직장인들이 많다. 내 업무는 끝났지만 왠지 눈치가 보여 정시퇴근이 어렵다는 것이다. 이 문제의 원인이 되는 두 가지 요소가 직장 분위기와 직장 상사다.

자신의 업무가 끝나면 곧바로 퇴근하는 분위기의 직장이라면 눈치 보지 않고 칼퇴할 수 있을 것이다. 점차 근무 방식이 바뀌는 추세이므로 앞으로 퇴근 시간에 눈치 보지 않는 직장이 더욱 늘어날 것으로 보인다. 회사 전체의 의식이 바뀌면 퇴근 문화도 개선되겠지만, 문제가 되는 또 하나의 요소가 바로 직장 상사의 존재다.

회사 전체의 의식이나 규칙이 바뀐다 해도 개인의 생각을 바꾸는 것은 어렵다. 특히 "라떼는 말이야" 하면서 은근히 연장근무를 강요하는 상사가 있으면 회사 전체의 근무 방식이 개선된다 해도 칼퇴의 어려움은 사라지지 않는다.

내 업무가 끝났음에도 상사에게 눈치가 보여 퇴근을 못 하고 있다면 무시가 정답이다. 신경쓰지 말고 업무가 끝나는 즉시 당당히 퇴근하는 것이다. "어떻게 그렇게 해! 난 못해!"라고 반론하는 사람도 있을 것이다. 하지만 곰곰이 생각해보자. 칼퇴가 어렵다는 것은 단지 나의 느낌일 뿐, 특별히 칼퇴하면 안 된다고 강요하는 사람이 있는 것은 아니지 않은가.

상사를 무시하고 칼퇴할 경우 굉장한 저항이 있을 거라 생각되겠지만, 심한 저항이 있는 것은 맨 처음일 뿐이다. 한 번 무시하고 나면 두 번째는 첫 번째보다 심리적인 저항이 줄어든다. 세 번째, 네 번째로 이어지다 보면 저항은 더욱 약해지고, 그러다 보면 업무가 끝나는 대로 칼퇴하는 것이 당연시되어 윗사람도 더이상은 아무 말도 하지 않을 게 분명하다.

잔소리라는 건 상대가 반응하기 때문에 이어지는 것이다. 계속해서 무시하면 '말해 봤자 소용이 없다'는 것을 알게 되어 더 이상 잔소리가 나오지 않는다. 당당하다면 굳은 마음으로 강하게 나가는 것이 가장 좋은 해결책이다.

멘탈 닥터's Message

뭔가 실행하기 힘든 것은 맨 처음뿐이다.

정시퇴근하는 문제도

한 번 하고 나면 두 번째부터는

훨씬 편해지게 된다.

CASE 07

화나는 일이 있어도 '참고, 견디고, 넘기며' 지낸다

흔히 사람들은 누군가에게 충고를 할 때 '감정적으로 행동하지 말라'는 식의 이야기를 한다. 최근에는 '합리적', '생산성' 같은 단어가 많이 사용되면서, '감정적'이라는 단어가 이와 대비되어 왠지 좋지 않은 것처럼 느껴지기도 한다.

감정 중에서도 특히 대인관계에 영향을 미치는 것이 분노의 감정인데, 분노를 조절하지 못하는 사람을 미숙하고 불완전하게 보기도 한다. 그래서 분노를 억지로 누르고 눌러 자기감정의 뚜껑을 막아버린 사람도 있다.

그렇다면 분노의 감정이란 건 전혀 쓸모없고 무가치한 것일까? 막무가내로 화를 낸다거나 폭언, 폭력으로 이어지는 분노의 감정은 물론 억제해야 하겠지만 쓸모 있는 분노도 있다. 그것은 '뭔가에 저항할 필요가 있을 때의 분노'다.

동물을 예로 들어보면, 동물들은 신체적인 위험에 몰렸을 때 분노를 표시함으로써 자기 몸을 지키려고 한다. 그렇게 하지 않을 경우 자기 목숨을 잃을지도 모르기 때문이다. 또한, 근래 세계 각지에서 일어나고 있는 대규모 투쟁이나 사회의 변혁을 요구하는 저항운동 같은 것도 분노가 행동기반인 경우가 많다.

이렇게 자신의 의사 표시의 하나로 표출하는 분노는 반드시 억제할 필요가 없다. 분노해야 될 때조차 분노하지 않고 억누르기만 한다면 스트레스가 쌓여 정신건강에 좋지 않을 뿐 아니라 결국 자신에게 불리한 상황을 만드는 결과가 된다.

도저히 양보할 수 없을 때, 어떻게든 상대방을 이해시켜야겠다는 생각이 들 때는 분노를 표시해도 좋다. 다만, 무턱대고 다짜고짜 분노를 퍼부을 게 아니라 "그렇게 하면 무척 화가 날 것 같아"라고 내 기분을 먼저 전달하는 것이 좋겠다. 그렇게 하면 감정에 휘둘리지 않고 상대방으로 하여금 나의 분노를 알아차리게 할 수 있다.

멘탈 닥터's Message

분노의 감정을 '나쁜 것'이라고

단정 지어서는 안 된다.

억눌러서 오히려 마이너스가 될 것 같다면

때로는 분노를 표출하는 것도 중요하다.

CASE 08

SNS에 글을 올리는 게 내키지 않는다

SNS는 소셜 네트워크 서비스(Social Network Service)의 약자다. 온라인상에서 사람과 사람을 이어주는 역할을 한다. 사람들은 SNS를 매개로 인터넷이라는 가상의 공간에서 누구나 자유롭게 소통을 할 수 있지만, 최근 SNS를 둘러싸고 여러 문제점이 생겨나고 있다. 접근이 쉬운 만큼 상처받기도 쉽기 때문이다. 구성원 간의 집단따돌림이 SNS를 통해 심화되는 경우도 있어 사회문제가 되기도 한다.

SNS를 이용해 네트워크를 이어가는 사람도 있지만 온라인상에서 이루어지는 불특정 다수의 반응에 지나치게 민감해서 스트레스를 받는 사람도 있다. 인터넷에서 자기 의견을 말했다가 비판 댓글로 도배될까 봐 두려워하거나, 반대로 SNS에서의 인간관계에 휘둘려 생각지도 않았던 말을 하거나 불필요한 연결고리를 갖게 되기도 한다. 이런 것 때문에 SNS 피로감을 느낀다면 진지하게 왜 SNS를 하는지를 생각해보자.

'주변에서 다 하니까 그냥', '정보 수집을 위해서', '평소 말하기 어려운 불만을 털어놓고 싶어서' 등등 SNS를 하는 데는 각자 나름의 목적이 있을 것이다. SNS는 그런 목적을 이루기 위한 하나의 도구일 뿐이지 생활필수품은 아니다.

일 때문이 아니라면 SNS에 매달릴 필요는 없다. 의도하지 않게 SNS에 휘둘리고 있다면 SNS로부터 조금 거리를 두는 것도 좋다. 안 그래도 일상생활에서 스트레스가 쌓이는데 SNS에서조차 신경을 곤두세워야 한다면 더더욱 피곤한 일이 아닌가. 자신의 감정에 부정적으로 작용한다면 SNS를 잠시 끊어보는 것도 괜찮다.

일상에 변화를 가져다준다는 점에서 긍정적인 효과도 있으니 가벼운 마음으로 SNS를 대하는 것이 중요하다. SNS에는 차단 기능도 있으니 필요할 경우 이런 것을 활용해서 현명한 SNS 사용자가 되었으면 한다.

멘탈 닥터's Message

SNS는 하나의 도구일 뿐이다.

만일 자신에게 마이너스가 된다면

적당히 거리를 둔다는

선택지를 고려해보자.

CASE 09

무슨 일이든 '내 탓'이라는 생각을 한다

다른 사람의 기분을 살피느라 평소 모습처럼 행동하지 못하고 전전긍긍하는 사람이 있다. 함께 일하는 사람 또는 모임에 함께한 친구가 그날 따라 컨디션이 안 좋아 보인다고 '저 친구가 기분 나쁜 게 나 때문일지도 몰라'라고 혼자 고민하며 상상의 나래를 편다.

무슨 일이든 '내 탓'이라고 생각하는 습관이 있는 사람이라면 어떻게 해야 주변 사람의 기분에 흔들리지 않고 자기를 지킬 수 있을까.

이런 사람이라면 우선 알아두어야 할 것이 있다. 사람의 기분이라는 게 날씨와 마찬가지로 언제나 맑기만 한 것은 아니라는 점이다. 비나 오나 눈이 오나 한결같이 밝기만 한 사람이 있는가 하면, 맑았다가 흐렸다가 변화무쌍한 사람도 있다.

날씨를 사람이 조정할 수는 없다. 갑자기 비가 쏟아진다고 해서 '내 탓'이라고 느낄 사람은 아무도 없다. 변화무쌍한 날씨와 마찬가지로, 같이 웃고 떠들다가 갑자기 시무룩해지곤 하는 사람이 있는데 그 사람의 기분 상태를 내 행동과 연결 지을 필요는 없다. 상대방의 기분이 별로 좋지 않아 보일 때는 날씨를 바라볼 때와 같은 태도를 갖는 것은 어떨까. '오늘은 비가 좀 올 모양이네'라는 생각을 하면서 그 비에 젖지 않도록 조금 거리를 두고 대하는 것이다.

'저 사람 기분 나쁜 게 내 탓일지 모른다'는 생각을 자주 하는 사람은 평소 자기 행동에 자신이 없기 때문이다. 스스로에 대한 자신감이 없으면 주변에서 뭔가 안 좋은 일이 일어날 때마다 내 탓이 아닐까 하는 생각을 하게 된다.

자신감을 갖는다는 게 그리 간단한 일은 아니므로 우선은 자기 자신을 위로하는 것에서부터 시작하자. 스스로에게 "오늘 참 애썼네", "고생했지?"라고 말을 걸어주면서 자책하는 시간을 되도록 줄여본다. '내 탓'이라는 생각으로부터 벗어나는 첫걸음은 스스로를 소중하게 여기는 것이다.

그래도 여전히 '내 탓'이라는 생각이 머리를 떠나지 않는다면 병적인 상태라고 할 수 있다. 이때는 정신과적인 치료가 필요할 수도 있다.

멘탈 닥터's Message

다른 사람의 기분은 날씨와 같다고 생각하자!

내가 어쩔 수 있는 게 아니며,

가끔 예상이 빗나가기도 한다.

날씨가 안 좋을 때는 가까이 가지

않는 것이 가장 안전하다.

CASE 10

'읽씹' 당하면 움츠러든다

요즘 메시지들은 대부분 읽었는지 아직 안 읽었는지 알 수 있다. 이메일이나 문자메시지도 대부분 수신 확인이 된다. 예전에는 메시지를 보내도 읽었는지 확인할 수 없는 경우가 많아 상대방으로부터 답이 없으면 '아직 안 읽었나?'라고 생각하기 쉬웠다. 그러나 지금은 읽으면 바로 표시가 뜨기 때문에 메시지를 읽고도 답이 없으면 마음이 불편하다.

'읽씹' 당했다고 해도 실제로는 여러 가지 경우가 있을 수 있다. 예를 들어 누군가와 열심히 메신저를 주고받는 중이어서 '나중에 답해야지' 하고 마음 먹었다가 깜빡 잊는 경우가 종종 있다. 내가 메시지를 보낸 상대방 역시 지금 그런 상황일지도 모른다.

사람은 참 주관적이고 이기적인 존재여서, 자기가 했을 때는 아무렇지도 않다가도 똑같은 일을 다른 사람이 하면 거슬리는 경우가 많다. 이것을 정신과 용어로 '인지 편향'이라고 한다. 자기가 본 상대방 상황과 상대방이 본 자기 상황이 완전히 똑같음에도 두 가지의 상황을 다르게 받아들이는 것처럼 인지에 차이가 생기는 것을 말한다.

인지 편향을 바로잡기 위해서는 자기 생각이 한쪽으로 치우쳐 있지 않은지 자각하는 것이 중요하다. 눈앞에 펼쳐진 상황에 대해 달리 생각할 수는 없는지 여러 가지 개연성을 상상해 보고 왜곡된 생각을 바로잡는 것이다. 예를 들어 상대방이 내 메시지를 읽고도 답이 없다면, 상대방에게 무시당했다거나 상대가 나를 싫어한다고 생각하는 것 외에 다른 가능성은 없는지 생각해본다. 그러면 '아 참, 지금 바쁜 시간이구나'라거나 '답한다고 해놓고 깜박했을 거야' 하는 식으로 생각이 정리될 수 있다. 이렇게 생각을 바꿔보면 조금은 마음이 편안해질 것이다.

평소 자신의 인지가 편향되어 있지는 않은지 신경 쓰고 상대방의 입장에서 객관적으로 바라보는 습관을 들인다면 상대방의 행동이나 태도 등을 부정적으로 예단하는 버릇이 조금씩 교정될 수 있을 것이다.

멘탈 닥터's Message

반드시 '읽씹 = 무시'라고는 할 수 없다.

진실을 알 수 없을 때는

자신에게 좋은 쪽으로 생각하면서

마음에 부담을 주지 않도록 하자.

CASE 11

완벽하게 하지 않으면 직성이 풀리지 않는다

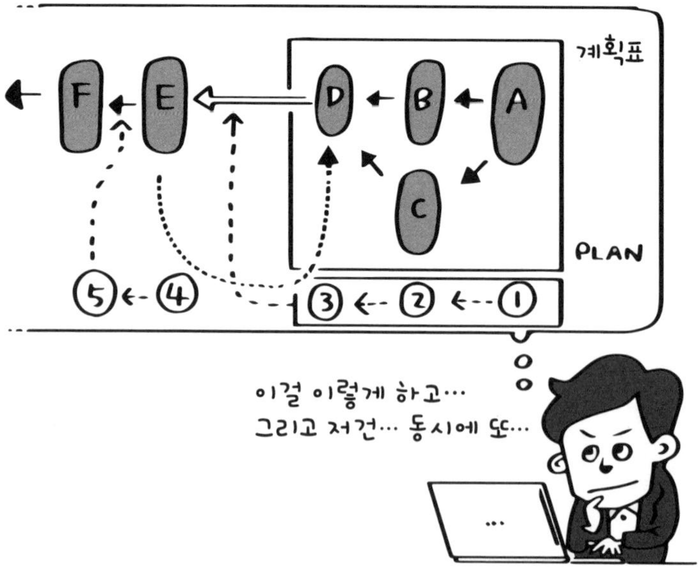

무슨 일을 앞두고 막상 시도해보지 못하는 사람들이 의외로 많다. 그들이 망설이는 까닭은 '어설프게 시작해서 대충 끝낼 수는 없다'는 심리가 밑바탕에 깔려 있기 때문이다. 제대로 준비를 하고 난 다음에 시작하겠다는 것이 그들의 속마음이다.

완벽주의자일수록 주도면밀하게 준비하고 시간을 들여 접근하는 경향이 있다. 이들의 사전에는 '일단 저질러본다'거나 '적당히 한다'는 말이 존재하지 않는다. 그래서 무슨 일이든 쉽사리 행동으로 옮기기 어렵다.

그런 사람에게 먼저 묻고 싶은 말이 있다. 과감하게 부딪히지 못하는 자신을 정말로 바꾸고 싶은가? 행동력이 부족해서 일이나 대인관계에 부정적인 영향을 미쳤다면 자신의 그런 완벽주의 성격을 바꾸고 싶을 것이다. 그렇지 않다면 굳이 바꿀 필요는 없다. 그런 자신이 싫지 않을 수도 있다.

예술가들 중에는 스스로 만족하지 못하는 작품은 절대로 세상에 내놓지 않겠다는 신념을 갖고 있는 사람들이 있다. 예술가들의 특징인 장인정신이야말로 완벽주의를 가장 잘 표현하는 말이다. 오랜 시간 공들여서 좋은 결과물을 내놓는 것에 만족감을 느끼는 사람이라면 억지로 자기 자신을 바꿀 필요가 없다. 이런 사람은 자기 감성에 충실하면 된다. 더불어 주변 사람들에게도 '나는 이런 사람이다'라는 사실을 알리는 것이 좋다. 처음부터 그렇게 해두면 괜한 오해를 사거나 재촉받는 일이 없어 스트레스도 줄어들 것이다.

하지만 완벽주의가 주변 환경과 잘 맞지 않을 경우, 스트레스로 이어지기 쉽고 우울증의 원인이 되기도 한다. 완벽주의는 양날의 칼이기도 하므로, 자신의 특성을 살릴 수 있는 환경을 찾아내는 것이 무엇보다 중요하다.

멘탈 닥터's Message

완벽주의가 지나치면 스트레스로 이어지기 쉽고

우울증의 원인이 되기도 한다.

그러나 완벽주의가 긍정적으로 작용할 수도 있다.

완벽주의적인 자기 특성을 살릴 수 있는

생활과 일의 방식을 찾아보면 어떨까.

CASE 12

거절당할 게 두려워 부탁하지 못한다

살다 보면 누군가에게 뭔가를 부탁해야 할 때가 있다. 친구에게 간단한 부탁을 하거나, 동료에게 협조 요청을 하거나, 손윗사람에게 조언을 구하는 등 주변 사람들의 도움을 필요로 하는 경우다. 이럴 때 다른 사람 부탁은 잘 받아들이면서 정작 남에게 부탁을 하지 못하는 사람들이 있다. 말을 걸기가 어렵고 용기가 나지 않는다는 것이다.

그런 사람들은 대체로 '거절당하면 어떻게 하지?'라는 생각부터 하는 경향이 있다. 한 걸음 더 나아가, 거절당할 경우 관계가 나빠질 것이라고 단정 짓기까지 한다. 특히 과거 자신의 거절로 상대방과 어색한 관계를 경험했던 사람일수록, 그 일 때문에 상대방에게 미안한 마음이 들었던 경험이 있는 사람일수록 '거절 = 거부의 표시'라고 생각하는 경향이 강하다.

이럴 때는 발상을 전환해보자. '부탁을 들어준다면 다행인 거고, 뭐 아님 할 수 없는 거지' 하는 식으로 가볍게 생각하는 것이다. 이렇게 '아님 말고'라고 생각하면 마음이 편안해져서 부탁을 하기가 조금 쉬워지지 않을까.

원래 남에게 뭔가 부탁을 잘하지 못하는 사람은 되도록 다른 사람에게 폐를 끼치고 싶지 않다는 생각 때문에 스스로 부담을 감수하는 경향이 있다. 그런 사람은 힘들어하는 자신을 다른 사람에게 보여준다는 것에 저항감을 느낀다. 그래서 할 수 있는 데까지 버티다가 결국에는 지쳐 떨어지기도 한다.

이러한 상황을 방지하기 위해 상대방에게 나에 대해 이야기하는 연습을 해보는 것도 좋다. 상대에게 자신를 알려 성격이나 특성이 전달되면 막상 어떤 일이 닥쳤을 때 도움을 요청하기가 한결 쉬워진다.

상대방에게 나를 헤아려달라고 할 게 아니라 내가 나를 알려주는 것 역시 인간관계에서 중요한 포인트라고 할 수 있다.

멘탈 닥터's Message

부탁했다가 거절당했을 때

자신이나 상대방에게서 그 원인을 찾아서는 안 된다.

나빴던 것은 나도 아니고 상대방도 아닌,

운과 타이밍이었다.

그렇게 생각하면 마음이 편해진다.

CASE 13

피곤함을 무릅쓰고 무리하곤 한다

정신과 의사로 일하다 보면 제대로 쉴 줄을 몰라서 피로가 쌓이는 사람을 종종 본다. 그런 사람들에게는 공통점이 있다. 일 처리를 대충 하는 법이 없다. 그들은 자기가 맡은 일은 어설프게 끝낼 수 없다는 생각이 확고하다. 완벽하게 하려다 보니 종종 쉴 타이밍을 놓친다. 심지어 어떤 사람들은 책임감이 지나치게 강한 나머지 쉰다는 것 자체를 죄악시하는 경향이 있다.

하지만 사람은 기계가 아니다. 열심히 일한 만큼 휴식을 취해야 한다. 쉬지 않고 일만 하면 피로가 쌓여 효율성이 점점 떨어진다. 피로가 계속해서 축적되면 몸의 컨디션이 망가져 직장을 쉬어야 할 수도 있다. 무리해서 몸을 혹사하다가 과부하가 걸려 더이상 일을 못 하는 상황이 발생하지 않게 하기 위해서라도 충분한 휴식을 취하는 것이 중요하다.

평소보다 쉽게 피로를 느끼고, 집중력이 없어졌다거나 머리 회전이 둔해졌다는 느낌이 든다면 내 몸이 '휴식을 취하라'고 신호를 보내는 것이다.

그럼에도 적절하게 쉬는 방법을 잘 모르는 사람은 자기 몸이 보내주는 이상 신호를 깨닫지 못하는 경우가 많다. 이상 신호가 나타나기 전에 강제적으로라도 휴식을 취해야 한다. 예를 들어, 작업을 할 때는 미리 50분 간격으로 알람이 울리도록 세팅해두고, 그 시간마다 10분씩 휴식을 취하는 방법을 쓰는 것도 좋다. 이렇게 해서라도 스스로 강제 휴식할 구조를 만들어야 한다. 자기도 모르게 꼬박 밤을 새우며 작업에 몰두하는 사람이라면 타이머로 자동 소등되는 조명을 사용해보는 것은 어떨까. 아쉽더라도 적당한 선에서 일을 끝내는 편이 장기적으로 성취를 이루어낼 수 있는 비결이다.

멘탈 닥터's Message

열심히 일하는 것만큼

효율적으로 피로를 푸는 것도 중요하다.

쉬는 게 익숙하지 않은 사람이라면

쉴 수 있는 구조를 만들어야 한다.

2장

마음에 벽이 있다

싫어하는 사람 생각으로 머리가 가득 차 있다

직장에 불쾌한 사람이 있어서 피곤하다

고압적인 직장 상사 때문에 움츠러든다

일방적으로 나를 싫어하는 사람, 이유가 뭘까?

다른 사람의 충고나 반론을 공격적으로 받아들인다

'잘 안 맞는다'고 생각되는 사람이 있다

안하무인인 사람 때문에 스트레스가 쌓인다

화상회의에서 말을 잘하지 못한다

회식은 괴롭기만 하다

대화에 끼지 못해 고독을 느낀다

CASE 14

싫어하는 사람 생각으로 머리가 가득 차 있다

별로 생각하고 싶지 않은데 싫어하는 사람에 관한 일만 생각하게 되는 경우가 있다. 주변 사람들에게 상담을 해봐도 "생각하지 않으면 되잖아"라거나 "신경 쓰지 않으면 되지"라는 말만 듣게 되니 '그럴 수 있다면 왜 고민이겠어…'라는 생각마저 든다.

그럴 때는 발상을 전환해서 싫은 사람에 대해 철저하게 생각해보자. '왜 그 사람이 싫은 걸까….' 그 사람을 싫어하게 된 이유를 머릿속에서 명확하게 정리해보는 것이다. 구체적으로 파고들다 보면 이유가 밝혀질 것이다. '늘 잘난 척해서 싫어', '싫은 소리를 해대니까 싫지!', '내 흉을 봤다는 걸 알게 돼서 싫어졌어' 등등 그동안 막연하게 생각했던 이유가 구체적으로 나올 게 분명하다.

이처럼 자기가 싫어하는 사람에 대해 가능한 한 철저하게 분석해본다. 신기하게도 어떤 것에 대해 깊이 파고들어 생각하다 보면, 생각했다는 것에 만족해서 그 이상은 생각하고 싶지 않아진다. 덧붙여서, 싫어하는 줄 알았는데 실제로는 그렇지 않았다는 사실을 깨닫게 되기도 한다.

깊이 생각해봤지만 이유를 못 찾는 경우도 있다. 아무런 이유 없이 싫었던 것이다. 이럴 때는 싫어하는 음식과 마찬가지로 입에 맞지 않는 것일 뿐이므로 그 이상 생각할 필요가 없다. 토마토를 싫어하지만 특별한 이유는 없다. 그렇다고 싫은 것을 억지로 먹을 마음도 없다. 마찬가지로 토마토를 싫어하는데 그걸 가지고 고민한다고 뾰족한 수가 나지 않는다.

자신의 머리로 골똘히 생각한 다음, 감성적 사고를 이성적 사고로 변환해보자. 부정적인 기분이 들었을 때 폭넓게 쓸 수 있는 방법이므로 익혀두면 좋다.

멘탈 닥터's Message

싫은 이유를 골똘히 생각해보면

의외로 싫은 느낌이 수그러들지도 모른다.

감성적 사고를 이성적 사고로 변환해서

자신의 마음을 확인하는 게 중요하다.

CASE 15

직장에 불쾌한 사람이 있어서 피곤하다

사람들의 고민거리 중 인간관계에 대한 고민이 가장 큰 비중을 차지할 정도로 사회생활에서 사람 때문에 받는 스트레스가 크다. 그중에서도 감정의 기복이 심한 사람과 함께 일을 하는 것처럼 피곤한 경우도 드물다.

감정의 기복이 심한 사람은 사소한 일 하나에도 기분이 상해 갑자기 차가운 반응을 보이곤 한다. 그 일과 직접적으로 관계가 없는 사람에게 불똥이 튀기도 하고, 개인적인 일로 기분이 상해서 남에게 화풀이하는 경우도 있다. 그럴 때 휘말리면 대체 어찌 해야 좋을지 알 수 없다.

이렇게 기분 변화가 심한 사람이라면 일기 예보를 보고 대처하듯 조기에 알아차려 대책을 세우는 수밖에 없다. 기분이 쉽게 변하는 사람은 옆에 있으면 의외로 쉽게 그 변화를 감지할 수 있다. '지금 이 사람, 기분이 별로구나' 하고 금방 알아차리게 된다. 하늘에 먹구름이 잔뜩 끼었을 때 외출을 삼가는 것과 마찬가지로, 그 사람의 기분이 별로인 것을 알아차렸다면 되도록 가까이 가지 않는 것이 상책이다.

또는 좀 더 고차원적인 테크닉이긴 하지만 상대방의 기분이 별로일 때 아예 과감히 거리를 좁혀 바짝 다가가는 것도 하나의 방법이다. “무슨 일 있어?”라고 말을 걸어준다거나, 기분을 풀 수 있도록 약간 거들어준다거나 해서 효과적인 타이밍에 상대방의 기분을 달래주는 것이다. 더 나아가 상대방 역시 자신의 감정을 깨닫는 계기가 될 수도 있다.

다만, 타이밍이 적절치 않거나 방법이 좋지 않거나 하면 날씨가 더욱더 거칠어지고 벼락이 떨어질 수도 있으니 충분히 주의를 기울인다. 적어도 한 번 정도 말을 걸어봐서 반응이 없다거나 더더욱 기분이 나빠지는 것 같다면 긁어 부스럼을 만들지는 말아야 한다. 기분이 나쁜 것은 그 사람의 문제이므로 그 때문에 휘둘릴 필요는 전혀 없다. 가까이 접근하지만 않으면 된다.

멘탈 닥터's Message

기분이 안 좋은 사람에게

부주의하게 접근하지 말 것!

다만, 그때 상대에게 신경을 써줄 수 있고

그게 통한다면 뜻하지 않게 좋은 관계를

쌓을 수 있을지도 모른다.

CASE 16

고압적인 직장 상사 때문에 움츠러든다

말을 걸면 "뭐라고?" 하며 고압적으로 반응하는 사람이 있다. 이런 사람은 늘 기분이 언짢아 보여서 왠지 다가가기 힘들다. 이런 사람이 직장 상사거나 선배라면 하루하루가 고역이다. 말 한 마디에 움츠러들고 점점 자신감이 떨어진다.

용건이 있어서 말을 걸어야 할 때도 뭔가 상처받게 될 말을 듣게 될까 봐 쭈뼛거리게 되고, 신중하게 단어를 골라가며 말할 수밖에 없다. 상상하기만 해도 소름 끼치는 일이다.

결론부터 먼저 말하자면, 이런 유형의 사람이 주변 사람들의 지적을 받아들여 스스로 바뀌는 것은 거의 불가능하다. 그러니 상대방이 바뀌기를 바라는 건 포기하는 편이 낫다. 지금껏 살아오면서 누구한테서도 지적을 받지 않았을 리 없다. 그럼에도 여전히 그런 성격을 지니고 있다는 것은 스스로 바뀌려는 생각이 추호도 없었을 거라는 사실을 짐작할 수 있다. 그런 상태로 나이만 먹은 것일 테니 그 사람 스스로가 뭔가 깨닫고 변하는 일은 있을 수 없다.

상대방의 태도 때문에 위축되는 것은 어쩔 수 없다. 그럴 때는 '도대체 왜 이 사람은 늘 이렇게 죽을상일까, 인간적으로 참 그릇이 작구나'라고 생각하면서 그저 흘려버리는 것이 조금이라도 마음을 편하게 갖는 방법이라고 할 수 있다.

한마디 더 보태자면, 이런 특징을 가진 사람은 자신이 우위에 있다는 것을 주변 사람에게 과시하기 위해 자신보다 아랫사람이나 자신에게 반박할 가능성이 적은 사람에게 고압적인 태도를 취하는 경향이 있다. 이런 태도에 금방 반응을 보여 위축되면 될수록 그 사람은 더 자주 그런 태도를 보이려 한다. 상태를 악화시키지 않기 위해 이런 사람 앞에서는 의연한 태도로 반응하지 않는 게 좋다.

멘탈 닥터's Message

고압적인 윗사람은 달라지지 않는다.

바뀔 거라고 기대하지 말고

'원래 그런 인간이니까 어쩔 수 없지'라고

생각해버리는 게 마음 편하다.

CASE 17

일방적으로 나를 싫어하는 사람 이유가 뭘까?

누구에게나 잘 맞지 않는 사람이나 싫어하는 사람이 있다. 알고는 있어도 막상 누군가가 나를 싫어한다고 생각하면 기분이 나쁘고 그런 상대방의 태도도 신경 쓰인다. 게다가 왜 나를 싫어하는지 그 이유를 알 수 없다면 더욱 기분이 떨떠름하다.

사람이 누군가를 싫어하는 이유에 대해 한번 생각해보자. 누군가를 싫어하게 되는 것은 대부분 그 사람과 싸웠다거나 그 사람과 문제가 있었다거나 할 때다. 그런 구체적인 원인이 있다면 자신의 태도 여하에 따라 관계 개선 가능성이 있다. 그 일은 없었던 것으로 하겠다고 마음 먹으면 되는 것이다.

그러나 구체적인 이유가 없어도 싫어지는 수가 있다. 가장 큰 요인은 '생리적인 혐오'와 '질투'다. 누구나 어떤 사람에 대해 '뭐라고 설명하기는 힘들지만 왠지 그 사람이 싫다'는 감정을 가질 수 있다. 이것이 바로 생리적 혐오에 해당한다.

생리적으로 서로 안 맞는 것은 대부분 첫인상에서 결정된다. 그렇기 때문에 상대방의 또 다른 면을 알게 되면 더이상 싫지 않을 수 있다. 괜히 '그 사람이 나를 싫어할지도 몰라'라는 생각으로 지레 겁먹지 말고 그냥 자연스럽게 대하는 게 좋다.

누군가를 이유 없이 싫어하는 또 한 가지 요인이 바로 질투다. 질투는 상대방이 일방적으로 그런 마음을 품는 것이기 때문에 좀 까다롭다. SNS에서 보이는 안티 역시 질투에서 비롯된 경우가 많다. 이유 없이 당신을 싫어하는 사람은 어쩌면 뭔가 당신에 대해 질투심을 품고 있는 것인지도 모른다.

질투심은 그 이면에 콤플렉스가 자리하고 있는 경우가 많다. 그러니 어떤 사람이 당신을 싫어한다면 '아, 이 사람은 뭔가 콤플렉스가 있나 보다'라고 생각하는 게 마음 편하다. 안티 글을 보면 알 수 있듯, 질투심은 공격성과 집착으로 이어지기 쉽다. 이런 사람과는 되도록 접촉을 피하고 반응도 보이지 않는 편이 낫다.

멘탈 닥터's Message

사람을 싫어하는 이유에는 여러 가지며

별다른 원인이 없는 경우도 많다.

내가 할 수 있는 것은 아무것도 없으니

너무 깊이 생각할 필요가 없다.

CASE 18

다른 사람의 충고나 반론을 공격적으로 받아들인다

누군가가 나와 다른 의견을 말하면 곧바로 반박하고 싶어지거나 기분이 나빠질 수 있다. 직장에서뿐만 아니라 SNS나 익명 게시판 같은 데서도 끊임없이 서로의 주장을 펼치며 충돌하는 모습을 흔히 본다. 이런 것을 보면 대체로 사람들은 상대방의 발언이 그 사람의 의견인지 다른 사람에 대한 부정인지를 제대로 구분하지 못하는 것 같다.

상대방은 어디까지나 "나는 이렇게 생각한다"라고 자기 의견을 말하는 것인데, 그게 자기와 다를 경우 '너는 틀렸어'라고 자신이 부정당하는 느낌이 든다. 그래서 자기도 모르게 부정적인 반응을 보이는 것이다.

반대 의견에 대해 과잉 반응하며 부딪히는 사람은 대체로 자신이 반대 의견을 말할 때 상대방에 대해 인격 모독에 가까운 발언을 하면서 그 사람 자체를 통째로 부정하는 듯한 경향을 보인다. 그렇게 되지 않기 위해서라도 상대방의 발언이 '의견'인지 '부정'인지를 잘 생각해보는 것이 중요하다.

어떤 사람들이건 의견이 100% 일치하는 경우는 드물고 서로 의견이 맞지 않는 경우가 흔하다. 이를 뒤집어 보면 여러 가지를 생각할 수 있는 기회가 되기도 한다. '아, 그렇게 생각할 수도 있구나'라고 한 번 더 생각하게 되는 것이다. 일단 상대방의 주장을 받아들이고 나서 자기 생각을 다각적으로 검토한다면 이것이 오히려 더 좋은 결과를 낳게 되고 성장으로 이어질 수 있다.

특히, 당신에게 들려주는 조언이나 충고는 대부분 당신을 위한 것들이다. 모든 것을 부정적으로 받아들이지 말고 일단 잘 들어둔 다음에 참고할 것인지 아닌지를 정하도록 한다.

다만, 상대방이 일방적으로 부정만 할 경우에는 절대로 토론으로 이어질 수도 없고 나의 성장으로 이어지지도 않는다. 그럴 때는 현실 사회에서건 SNS에서건 그냥 흘려보내 버리는 게 최고다. 이런 사람과 언쟁하는 것이 피곤할 뿐이니 상대하지 말도록 한다.

멘탈 닥터's Message

'반대 의견 = 인격 부정'은 아니다.

감정적으로 반응하지 말고

냉정하게 상대방의 의견을 받아들이자.

다만, 상대가 일방적으로 부정만 할 경우

그냥 흘려버리는 게 상책이다.

CASE 19

'잘 안 맞는다' 고
생각되는 사람이 있다

우리 몸은 참 신비로워서 스스로 위험을 감지해서 방어하는 능력이 있다. 알레르기 같은 것이 대표적이다. 몸에 해로운 것이 들어오면 피부에 먼저 반응이 나타나 더 큰 위험을 막는다. 뜨거운 물에 닿으면 순간적으로 손이 움츠러들고, 이상한 것을 입에 넣으면 당장 토해내는 것도 같은 원리다. 자신에게 해로운 것, 맞지 않는 것은 자연스럽게 거부하게 되는 메커니즘으로 만들어져 있는 셈이다.

사람과의 관계에서도 이 같은 원리가 작용한다. 사람들 중에는 유난히 잘 맞는 사람이 있는가 하면, 잘 안 맞는 사람이 있다. 이야기가 안 통하고 계속 삐그덕거리는 사람, 주는 것 없이 싫은 사람…. 이런 사람과 억지로 가까이하려다 보면 스트레스가 쌓인다.

이럴 때는 마음이 가는 대로 행동하면 된다. 필요하다면 마음의 셔터를 내려서 상대에게서 느껴지는 스트레스를 최소화하는 게 중요하다. 어쩔 수 없이 계속 마주쳐야 하는 사람이라면 상대방의 싫은 부분이나 눈에 두드러지는 부분을 의식적으로 멀리한다. 그 사람 이야기를 특별히 마음에 담아두지 말고 절반쯤은 에누리해서 듣는 식으로 심리적 거리를 둔다. 당장 얼굴을 안 볼 수는 없더라도 심리적인 거리를 둔다면 마음의 상처를 피할 수 있다. 맞지 않는 상대 앞에서는 마음의 셔터를 내려도 별 문제 될 게 없다.

경우에 따라서는 심리적 거리뿐만 아니라 물리적 거리가 필요할 때도 있다. 나와 너무나 안 맞아서 그 사람과 함께하는 게 커다란 스트레스라면 그런 사람과는 심리적으로나 물리적으로나 거리를 두는 것이 바람직하다. 그것이 자기 자신을 지키고 스트레스를 없애는 비결이다.

멘탈 닥터's Message

잘 맞지 않는 사람과의 교류는

가능한 한 줄이는 게 최선이다.

너무나 안 맞아서 스트레스를 받는 사람과는

심리적으로나 물리적으로나

거리를 두는 것이 바람직하다.

CASE 20

안하무인인 사람 때문에 스트레스가 쌓인다

대화를 나누는 것만으로도 진이 다 빠져 버릴 것 같은 사람, 주변에 하나쯤은 있을 것이다. 근거 없는 자신감, 주변 사람은 아랑곳하지 않고 큰 소리로 떠들기, 무슨 일이건 단정 지어 단호한 태도로 말하기, 마음에 안 드는 사람한테는 그 감정을 노골적으로 드러내기 등등이 이런 사람의 특징이다. 개인적으로는 절대로 가까이하고 싶지 않은 유형이지만 업무상 도저히 피할 수 없는 경우도 있다. 이럴 때는 어떻게 대응하면 좋을까.

우선, 이런 유형의 사람은 자신감이 있기 때문에 주변 사람들의 의견에 순순히 귀를 기울이지 않는다. 기본적으로는 그 사람이 자기 태도나 입장을 바꾸는 일을 기대할 수 없다.

단정적이고 확신에 찬 발언은 분위기를 압도하는 힘이 있다. 얼핏 설득력 있는 것처럼 보이기도 한다. 그러다 보니 내 의견과 달라도 부정이나 정정을 하기가 힘들다. 결과적으로 상대방의 페이스에 말려들게 되고 마음 속에 스트레스만 쌓인다.

다른 사람이 뿜어내는 스트레스에 감염되지 않는 가장 좋은 방법은 접촉하지 않는 것이다. 물리적으로 거리를 둘 방법을 찾아보는 것이 현명하다. 업무 상대라 하더라도 어떻게 궁리하느냐에 따라 접촉 횟수나 함께 있는 시간을 줄일 수 있다.

물리적 거리 두기가 어렵다면 내 생각을 바꾸는 쪽으로 의식을 집중해보자. 예를 들어, 일방적이고 안하무인인 유형의 사람을 만날 때는 동물원에 왔다고 상상해보는 것이다. 동물의 행동을 조정할 수 없는 것과 마찬가지로 상대방의 행동을 조정할 수 없다고 생각하면 싫은 기분도 조금은 완화될 것이다.

자기주장이 강하고 어떻게든 자신의 의견을 관철하려는 사람을 설득하거나 변화시키기는 쉬운 일이 아니다. 쓸데없는 일에 에너지를 쏟아붓지 말고 스트레스를 줄이는 것에 집중하자.

멘탈 닥터's Message

일방적이고 안하무인인 사람 때문에

스트레스를 받는다면

내 생각을 바꾸는 것 외에는 방법이 없다.

오히려 마음의 트레이닝이라고 생각하자.

CASE 21

화상회의에서 말을 잘하지 못한다

코로나 19의 영향으로 많은 회사가 화상회의를 도입했다. 온라인 업무는 굳이 회사에 가지 않아도 되므로 시간도 절약되고 번거로운 대면 업무를 줄여주는 등의 장점이 있다. 하지만 좀처럼 시스템에 익숙해지지 않는다거나, 제대로 활용하기가 어렵다고 고민하는 있는 사람도 있다.

특히 화상회의에는 한꺼번에 수십 명이 참여하기도 해 보통의 회의와는 또 다른 긴장감이 있다. 참가자가 많아서 시선이 두렵기도 하고, 지긋이 나를 관찰하는 느낌이 들어서 안절부절못하겠다는 사람도 있다.

이럴 때는 어떻게 해야 좋을까? 이 고민에 대한 답변은 '익숙해져야 한다'는 것이다.

새로운 기술이나 시스템이 도입될 때면 익숙해질 때까지는 누구나 부자연스럽기 마련이다. 기계에 익숙지 않은 사람은 스트레스를 느끼기도 한다. 2G폰에서 스마트폰으로 바뀌었을 때를 떠올려보자. '뭐가 이렇게 복잡하지? 너무 불편하네'라는 생각이 들어 스트레스가 쌓이지는 않았는지. 하지만 지금은 스트레스를 거의 느끼지 않고 편리하게 잘 쓰고 있을 것이다. 그와 마찬가지로, 화상회의 역시 자주 하다 보면 자연스럽게 익숙해질 것이 분명하다.

앞으로는 화상회의가 당연하고도 보편화될 것이니 자주 해보는 것이 최선의 해결책이다. 도저히 익숙해지지 않고 참가자의 시선이나 표정이 신경 쓰인다면 참가자의 화면이 보이지 않게 한다거나 자기 화면을 꺼두는 식으로 설정을 해보자. 만약 자신의 영상이 보이지 않는다고 누군가가 지적한다면 '카메라 연결 상태가 안 좋다'는 식으로 핑계를 대는 것도 방법이 될 수 있다. 그렇다고 상대방이 확인할 방법은 없으므로 화상회의 중에는 적극적으로 자신에게 스트레스가 되지 않는 환경을 만들도록 한다.

마지막으로 덧붙이자면, '누군가가 나를 보고 있을지도 모른다'고 느끼는 것을 정신과 전문 용어로 '주시감'이라 하고, 그렇게 확신하는 상태를 '주시 망상'이라고 한다. 주시감은 어떤 사람에게든 긴장감이나 불안감이 심할 경우에 나타날 수 있다. 평소에 그다지 거슬리지만 않는다면 치료받을 필요까지는 없다. 그러나 주시 망상으로 발전한 경우에는 '누군가가 보고 있다'는 불안감이 심해져서 일상생활에도 큰 영향을 주는 수가 있다. 그런 경우에는 정신과 전문 치료를 받는 것이 좋다.

시스템에 익숙해지거나 안정을 취하고 난 다음에도 누군가가 보고 있는 듯한 느낌이 완화되지 않는다면 정신과 검진을 고려해본다.

멘탈 닥터's Message

새로운 시스템에 익숙해지려면 시간이 걸린다.

하지만 일단 익숙해지면

스트레스는 잘 느껴지지 않는 법.

부담이 덜 되는 방식을 찾아보자.

CASE 22

회식은 괴롭기만 하다

평소 일대일 만남이나 소수 모임을 선호하는 사람이라도 직장 회식 등의 이유로 어느 정도 인원이 많은 모임에 참석해야만 하는 경우가 있다. 솔직히 참석하고 싶지 않지만 눈밖에 나는 것이 싫어서 마지못해 참석은 하는데, 회식이 끝나고 나면 심신이 지쳐 완전히 뻗어버리기도 한다.

결론적으로 말하자면, 가고 싶지 않은 모임에는 가지 않는 것이 좋다. 누구나 잘하는 것이 있으면 못하는 것도 있다. 많은 사람과 커뮤니케이션을 잘하는 사람도 있지만, 그렇지 못한 사람도 있다. 그런 사람이라면 잘하지 못하는 일에 아까운 시간을 쓸 필요는 없다.

직장 회식은 보통 조직의 화합과 소통을 위해서 하는 경우가 많다. 하지만 조직간 커뮤니케이션을 원활하게 하기 위해 반드시 술이 필요한 것은 아니며, 팀원 전체가 얼굴을 맞대고 교류하는 것이 회식 장소에서만 가능한 것도 아니다. 회식을 한다고 억지로 몇 시간씩 붙들어두었다가는 역효과가 날 수도 있다. 반드시 참석해야만 하는 모임이 아니라면 어느 정도 거리를 두도록 하자.

다만 잊지 말아야 할 것이 있다. 참석하기 힘들더라도 미리 말은 해두는 것이다. "저는 많은 사람이 모이는 회식과는 도저히 안 맞아서요…"라고 이야기해보자. 미리 알려놓으면 여러모로 편하다. 여러 사람이 모인 자리에 잘 어울리지 못하는 사람이라는 것을 인식시켜주면 앞으로 회식 참가를 권유받는 번거로움이 줄어들고 거절할 때의 어색함을 피할 수 있다.

사실은 거절하고 싶은데도 'No'라고 말하지 못해서 계속 참다가 스트레스가 쌓이고 우울증까지 나타난다는 사람도 있다. 필요할 때 'No'라고 말할 수 있는 것도 중요하다.

조직의 단합도 좋지만 무엇보다 중요한 것은 건강한 나 자신이다. 자신의 속마음을 숨기고 남의 의견을 지나치게 존중하면 반드시 마음이나 몸에 문제가 생긴다. 평소 생각이든 행동이든 자신을 지키는 방향으로 하는 것이 좋다.

멘탈 닥터's Message

자기가 잘하지 못하는 일은

하지 않아도 되는 방법을 찾아본다.

그 일에 자기가 서툴다는 것을

미리 주변에 알려두는 것도 좋다.

CASE 23

대화에 끼지 못해 고독을 느낀다

어렸을 때부터 집단생활에 서툴러 주변 사람과 잘 어울리지 못하거나, 특정 그룹에 들어가는 것을 힘들어하는 사람들이 있다. 원래부터 혼자 있는 것을 좋아하는 사람이라면 크게 상관없지만, 그렇지 않은 사람일 경우 문제가 되기도 한다. 그룹에 섞여 들어가지 못해 홀로 있는 시간이 늘어날수록 쓸쓸함과 외로움이 점점 더 커진다.

하지만 '남의 떡이 커 보인다'는 말이 있듯, 끼리끼리 모여 왁자지껄하는 게 반드시 긍정적인 면만을 갖는 것은 아니다. 어느 편이 좋은지 나쁜지는 양쪽을 다 경험해봐야 알 수 있다. 예를 들어, 집단 속에 융화되어 잘 어울리는 것처럼 보이는 사람도 안을 들여다보면 마냥 부러워할 일만은 아니다. 혼자만의 자유로운 시간이 없어진다는 것도 그중 하나다.

그래도 그룹 안에 끼고 싶다거나 지금 상황을 바꾸고 싶은 생각이 든다면 스스로 다가가는 노력을 하는 것이 좋다. 다른 사람과 친해지고 싶을 때 중요한 것은 '한발 다가가는 노력'이다. 아주 작은 용기를 내서 한 발 다가가 먼저 상대에게 말을 거는 것이다. 그 한 걸음을 내딛기만 하면 고독감 때문에 힘든 시간을 보내지 않아도 된다.

다만 이때 사람들에게 다가가고 싶은 마음에 원래의 자신과 다른 모습을 억지로 연출하지는 말아야 한다. 연출된 모습은 언젠가 반드시 본 모습이 드러나기 마련이므로 가능하면 본래의 자연스러운 모습으로 대하는 게 좋다.

처음 다가갈 때 상대에게 뭐라고 말을 걸어야 할지 모르겠다면 첫 대화를 질문으로 시작해보는 것도 괜찮다. 질문에 대한 답을 계기로 삼아 대화를 이어나갈 수도 있으므로, 누군가와 거리를 조금씩 좁히는 데는 질문이 효과적이다.

멘탈 닥터's Message

많은 사람이 있는 곳에서 불편함을 느낄 때
원래 집단생활에 서툴기 때문인지,
용기가 부족하기 때문인지 파악해서
한발 다가가는 노력을 기울여보자.

3장

그 사람, 어떻게 좀 안 될까…

화가 나면 감정대로 행동해버린다

윗사람의 부당한 대우에 화가 치민다

사사건건 남을 깎아내리는 사람이 있다

위한다는 구실로 나를 괴롭힌다

꼰대 같은 직장 상사에게서 벗어나고 싶다

쓸데없는 참견과 충고에 짜증이 난다

요령 없이 일하는 사람을 보면 화가 난다

열심히 하지 않는 사람을 도저히 못 봐주겠다

한순간에 화가 폭발할 때가 있다

남과 비교하며 스스로 평가절하한다

나보다 행복해 보이는 사람이 너무 부럽다

인기 있는 SNS를 보면 눈에 거슬린다

팔로워 숫자가 많은 사람을 질투하게 된다

CASE 24

화가 나면
감정대로 행동해버린다

살다 보면 예상치 못했던 일이 자주 일어난다. 예상치 못했던 게 기쁜 일이라면 좋겠지만, 대부분은 그렇지 않다는 게 어려운 점이다. 갑작스러운 슬픈 소식에 감정이 북받치기도 하고, 인내심 테스트라도 하듯 화를 돋우는 일에 감정이 폭발했다가 나중에 후회하기도 한다.

그렇다면 감정적으로 행동하지 않기 위해서 어떻게 하는 게 좋을까? 감정 컨트롤을 잘 못 하는 사람에게 '감정적으로 행동하지 말라'고 충고하는 사람이 있는데, 그 충고는 전혀 도움이 되지 않는다. 감정적으로 행동하지 말라고 하는 것은 갑자기 뒤에서 달려들어 놀래키고는 놀라지 말라고 말하는 것이나 마찬가지다. 그래서 나는 "감정적으로 행동하는 것은 어느 정도는 어쩔 수 없는 일이다. 다만, 자신이 감정적인 상태라는 사실을 깨닫는 것이 중요하다"고 조언한다.

갑자기 언짢은 일이 생겨서 화가 났다. 거기까지는 누구에게나 있을 수 있는 일이다. 중요한 것은 그 시점에서 '아, 지금 내가 화가 났구나' 하고 깨닫는다는 것이다. 실제로 "나는 지금 화가 나 있다, 버럭 화를 내고 있다"라고 소리 내어 말해보는 것도 좋다.

사람의 감정은 뇌의 편도체에서 관장하고 사고는 전두엽에서 관장하므로, 감정과 사고를 각각 별개의 부위가 담당하고 있는 셈이다. 따라서 감정의 활동을 억제하기 위해서는 되도록 빨리 자신의 상태를 객관화해서 뇌 기능을 '사고'로 전환해야 한다.

'아, 지금 내가 짜증이 나 있구나'라는 느낌이 든다면 '왜 짜증이 나 있지?'라고 생각해본다. 뭔가 짚이는 일이 있다면 '그렇게까지 짜증 낼 필요가 있는 걸까' 하고 스스로 질문을 던져본다. 만일 그 원인이 사소한 것이었다면 그렇게까지 짜증을 낼 필요는 없었다는 것을 깨달아 기분이 안정되기도 한다. 짜증을 억누르기는 어렵더라도 그 시점에서 화는 어느 정도 누그러져 있을 것이다. 감정을 사고로 변환하면 원래 있었던 분노의 정도가 완화되기 때문이다. 머릿속으로 끓는 물을 차가운 그릇으로 옮기는 작업을 하는 것이다.

이렇게 완충 작업을 하고 난 다음에는 '심호흡을 열 번 한다'거나 '천천히 찬물을 마신다', '10초 동안 눈을 감는다' 등과 같이 미리 정해두었던 행동을 취해본다. 이렇게 하면 감정에 따라 반사적으로 튀어나오는 행동을 막을 수 있다. 감정 컨트롤이 잘 안 되는 사람은 화가 났을 때 이런 과정을 의식적으로 실천해 보자.

멘탈 닥터's Message

감정이 격앙됐을 때는 되도록 빨리

자신의 상태를 객관화해서

'감정'이 지배하고 있는 뇌 기능을

'사고'로 전환해야 한다.

CASE 25

윗사람의 부당한 대우에 화가 치민다

윗사람으로부터 부당한 대우를 받으면 화가 치밀어오르고 우울해지기도 한다. 하지만 윗사람이기 때문에 반박할 수도 없고, 기분 나쁘지만 받아들일 수밖에 없다고 포기하는 사람들이 많다. 그러나 윗사람이라고 해서 무조건 참거나 견뎌내야 할 필요는 없다. 대개 그런 상사라면 다른 직원들에게도 부당한 대우를 할 가능성이 많다. 어쩌면 옆에서 보기에도 말이 안 되는 모습으로 비쳐질지 모른다.

이럴 때 상사에 대한 불만을 주변 사람들과 공유해보는 것은 어떨까. 나와 같은 기분을 느끼는 사람이 주위에 있다는 것만으로도 안심이 되고 어느 정도 스트레스가 풀린다. 타인의 공감을 얻으면 정신적으로 버팀목이 된다. 특히 불만이라는 감정은 함께 공유하면 그 어떤 것보다 유대감이 깊어지고 집단적 일체감이 높아진다.

불만의 감정을 혼자 마음속에 품고 있으면 한계가 오기 마련이다. 그러기 전에 바깥으로 발산하는 것이 중요하다. 비바람에 노출된 철은 녹이 슬기 마련이고, 그 녹을 정기적으로 닦아내지 않으면 삭아버리고 만다. 마찬가지로, 사람도 불만을 지나치게 오래 담아두고 있으면 마음에 계속 쌓여 정신적으로 피폐해진다. 게다가 컨디션이 좋지 않을 때는 그로 인해 냉정한 판단을 내리는 게 불가능해지기도 한다.

불만을 함께 공유하고 힘든 마음을 솔직하게 토로하면 위안도 되고 또 다른 시점에서 의견을 들으며 냉정함을 유지할 수 있다. 자기 마음을 재정비하기 위해서 비록 불평일지라도 주변 사람들에게 털어놓는 게 중요하다.

다만, 윗사람의 태도가 지나치게 도를 넘었을 경우에는 되도록 빨리 직장 내의 공식 기구를 통해 상담하는 것이 좋다.

멘탈 닥터's Message

윗사람으로부터 받는 부당한 대우에

인내로 버티는 것은 정신적으로 부담이 크다.

때에 따라 주변 사람들에게 털어놓으며

발산하는 것도 중요하다.

CASE 26

사사건건 남을 깎아내리는 사람이 있다

원숭이나 고릴라는 자기가 더 우위에 있다는 것을 나타내기 위해서 상대방 위에 올라타 걸고 넘어뜨리려는 행동을 한다.

인간 사회에서 실제로 다른 사람 위에 올라타 넘어뜨리려고 하는 사람은 없겠지만, 자기가 우위에 있다는 것을 나타내기 위해 말이나 태도로 상대방을 깔아뭉개거나 억누르려는 사람은 흔히 볼 수 있다. “헐, 그런 것도 몰라?”라고 하면서 무시하는 듯한 시선으로 내려다본다거나, “그건 그렇게 하는 게 아니야. 이 친구, 뭘 해봤어야 말이지…”라며 자기를 높이고 상대방을 깎아내린다. 모두 자기가 상대보다 위에 있음을 나타내려는 행동이다.

다른 사람을 깎아내리려는 심리의 배경에는 자부심과 열등감이 숨어 있는 경우가 많다. 어떤 것에 대해 자부심이 있기 때문에 ‘나는 이렇게 대단해’라는 식으로 어필하는 것일 수도 있지만, 실제로는 반대일 가능성이 많다. 뭔가에 대해 자신감이 없어서 결점이 들통날까 봐 다른 사람을 걸고넘어짐으로써 보호막을 치고 스스로를 조금이라도 나아 보이게 하려는 것이다.

누군가 사사건건 나를 깎아내리려는 걸 보면 기분이 나쁘겠지만, 그럴 때마다 반사적으로 반응할 게 아니라 일단 냉정하게 생각해보자. 왜 이 사람이 지금 나를 깎아내리려는 걸까. 가만히 생각해보면 답이 보일 것이다. 사실은 스스로 자신감이 없어서 주변의 인정을 받고 싶은 것일지도 모른다. 이렇게 그 사람의 심리를 들여다보면 조금은 관용을 갖고 대할 수도 있을 것이다.

그 정도로 관대해지기 힘들다면, 그렇게 하나하나 걸고넘어지고 깎아내리려는 사람은 그냥 원숭이나 고릴라 수준이라고 생각해버리자. 원숭이나 고릴라를 계속 상대할 필요는 없으니 그저 적당히 얼버무리고 빨리 자리를 뜨는 게 상책이다.

멘탈 닥터's Message

남을 깎아내리는 행위의 바탕에는
자부심과 열등감이 숨어 있다.
이런 사람과는 적당히 얼버무리고
상대하지 않는 게 바람직하다.

CASE 27

위한다는 구실로 나를 괴롭힌다

지도한다는 구실로 지나치게 혹독하게 굴거나 일부러 심한 말을 하는 사람이 있다. 이런 모습은 직장뿐 아니라 교육 현장에서도 발견된다. 아이 교육을 위해서라며 체벌과 학대 등을 일삼는 것이 비슷하다. 구조적으로 위에 있는 사람이 '이게 다 너를 위해서'라고 자기 행위를 정당화하며 부적절한 수단으로 가르치는 것이다.

체벌이나 학대가 용인되지 않는 것처럼, 당사자가 싫어하는데도 불구하고 계속해서 인격 모독에 가까운 방법으로 아랫사람을 가르치는 것은 정당화되지 못한다. 정확하게 말하면 괴롭힘에 해당한다. 가르친다는 구실로 누군가를 괴롭히는 사람을 가만히 살펴보면 기분이 안 좋을 때 괜한 사람에게 화풀이하는 경우가 많다.

모든 괴롭힘에는 숨은 이유가 있다. 대개 어떤 사람을 자기 아래에 둠으로써 그 사람보다 우위에 서고 싶어 하는 욕구가 숨어 있다. 그런 욕구가 '내 말을 따르게 하겠다', '내 뜻대로 조정하겠다'는 식의 강압적인 태도로 나타난다. 겉으로 '그냥 말하면 못 알아들으니까', '이렇게 하기는 싫지만 어쩔 수 없어서'라고 하면서 상대에게 책임을 전가하기도 한다.

괴롭히는 당사자는 스스로를 객관적으로 보지 못할 뿐만 아니라 죄책감도 없다. 그렇기 때문에 당하는 사람만 괴롭고 스트레스가 크다.

그런 상황을 계속해서 견뎌내야 할 필요는 없다. 단호하게 'No'라고 말하고 상대방의 행동을 제지하는 것이 좋다. 하지만 윗사람이어서 막을 수 없다면 회사 내 공식 기구를 찾아 상담해야 한다. 그러면 대개 회사에서는 적절한 부서로 재배치해 주기도 한다. 혼자서는 도저히 해결하지 못했던 일이 상담으로 새롭게 해결될 수도 있다.

멘탈 닥터's Message

괴롭히는 사람은 자기도 깨닫지 못하는 사이에

남의 영혼을 갉아먹는다.

개인적으로 대처하기에는 부담이 너무 크므로

공식적인 기구를 통해 대책을 강구하자.

CASE 28

꼰대 같은 직장 상사에게서 벗어나고 싶다

가치관이나 태도가 도저히 업데이트되지 않는 사람이 있다. 대개는 그런 사람들이 회사나 조직 내에서 비교적 높은 위치에 있기 때문에 함께 생활해야 하는 사람 입장에서 정말 고달프다.

이런 사람은 주위의 눈치를 보지 않고 자기 방식만을 고집한다. 늘 화나거나 불쾌한 표정으로 조직 전체의 분위기를 우울하게 만든다. 상대방이 자신을 싫어하건 말건 상관하지 않고 일방적이다. "라떼는 말이야"를 입에 달고 살며, 요즘 젊은이들을 나무란다. 업무 면에서는 늘 해오던 일이라 그런대로 성과를 내고 있으나 더이상 발전은 없다. 그 사람 앞에서는 어떤 제안도, 업무 개선도 소용이 없다.

이런 민폐 상사가 직장에 있다면 어떻게 해야 할까.

첫 번째 대책은 직장을 떠나는 것이다. 중이 싫으면 절을 떠나라고 하지 않는가. 그런 윗사람은 어차피 자기 가치관을 절대 바꾸지 않을 것이고, 그런 환경에서 근무하다가는 나 자신이 무기력해지고 마침내 몸이 망가질 수도 있다.

예를 들어, 지은 지 50년이 넘었는데 단 한 번도 개수나 보수를 하지 않은 곳에서 계속해서 살고 싶은가? 50년간 업데이트를 하지 않았다면 외관은 너덜너덜할 것이고 건물 안의 설비도 대부분 제 기능을 하지 못할 것이다. 최악의 경우에는 무너져 목숨이 위태로울 수도 있다. 이런 경우라면 어쩔 수 없이 포기하고 다른 건물로 옮겨야 한다.

마찬가지로 나와 맞지 않는데 전혀 변할 가능성이 없는 사람, 나의 정신건강에 악영향을 주는 사람, 매일 얼굴 마주하기가 죽을 만큼 싫은 사람에게서는 되도록 빨리 멀어지는 게 중요하다.

싫은 윗사람에게 대처하는 방법은 기본적으로는 내가 떠나느냐 상대를 떠나게 하느냐, 둘 중 하나다. 어떻게든 물리적인 거리를 두는 방법을 생각하자.

멘탈 닥터's Message

"라떼는 말이야…"를 외치는 사람의
가치관이나 사고방식은 변하지 않는다.
나의 멘탈에 손상이 가지 않을 방법을
주변 사람들과 의논하면서 찾아보자.

CASE 29

쓸데없는 참견과 충고에 짜증이 난다

"내가 너를 생각해서 하는 말인데…", "이건 절대적으로 이렇게 하는 게 맞아" 이런 식으로 쓰레기 같은 충고를 마구 해대는 사람, 분명히 있다. 대부분 쓸데없는 참견이거나 찬성할 수 없는 의견이라는 게 이런 충고의 특징이다.

모두 다 그렇다고는 말하기 어렵지만, 어떤 사람이 "너를 생각해서 하는 말인데…"라며 하는 충고에는 내 말대로 하게 함으로써 스스로 만족을 얻고 싶어 하는 심리가 밑바탕에 있는 경우가 많다. 상대방이 자기 말을 따라주면 자연스럽게 우위에 서는 셈이 되어 자존심이 충족되기 때문이다. 상대방의 만족감을 높여주기 위해 찬성할 수 없는 충고를 순순히 따를 필요는 없다.

그렇다고 상대방의 의견을 무조건 부정해서는 안 된다. 특히 충고를 정면에서 반대하면 기분 나빠진 상대방이 오히려 점점 더 완강해지고 마침내 감정싸움으로 번질 수도 있다. 비록 찬성할 수 없다 하더라도 일단 상대의 의견을 듣고 이해한 다음에 자기 의견을 말하도록 한다. "그래. 참고할게" 정도로 말한 뒤 실제로는 그냥 넘겨버리는 게 최고다.

한 가지 알아두어야 할 것은 진심으로 당신을 걱정해서 충고하는 사람도 있다는 사실이다. 예를 들어, 상대에게 아무런 도움이 될 것도 없는데 진지하게 의견을 제시하는 경우이거나, 자기 가치관을 강요하면서 "그렇게 하면 안 돼"라고 하는 게 아니라 "네 성격을 고려해보면 이렇게 하는 게 맞아" 하는 식으로 냉정하게 분석과 지적을 해주는 경우에는 잠시 귀를 기울여보는 것도 좋다.

거꾸로, 누군가에게 충고하는 입장이라면 특별히 언행을 조심해야 한다. 받아들이는 입장에서 강요나 쓸데없는 참견으로 비춰지지 않도록 말투와 태도에서 진정성이 느껴지게 하는 것이 중요하다.

멘탈 닥터's Message

타인의 충고는 자기 의견의 강요일 경우도 많다.

받아들일 만한 것인지 아닌지

냉정하게 판단한 다음

필요한 부분만 참고하자.

CASE 30

요령 없이 일하는 사람을 보면 화가 난다

능력 있는 사람일수록 일 처리가 늦은 사람이나 요령 없이 일하는 사람을 보면 이해가 안 된다. '그게 왜 안 되지?', '왜 단번에 기억을 못 하지?' 하는 생각을 하기도 한다.

대답은 단순하다. 그것은 '사람은 모두 다르기 때문'이다. 사람의 능력은 다르기 때문에 똑같은 일을 시켜도 잘하고 못하고, 능숙하고 미숙하고, 빠르고 늦고의 차이가 있다. 다른 사람들이 일하는 방식이나 속도가 거슬린다면, 누구에게나 능숙하고 미숙하고의 차이가 있음을 인식하는 게 중요하다.

다른 사람들보다 처리 능력이 높고 학습 속도가 빠른 사람은 자기 수준이 일반적이라고 생각하기 때문에 그렇지 않은 사람의 마음을 헤아리지 못하는 경우가 많다. 잘 안 되는 사람에게는 높은 장벽이 있음을 언제나 머릿속에 넣어두도록 하자.

우선 그 점을 인식하고 나서, 왜 잘 못하는 것인지 그 사람과 함께 생각해보자. 이때 잘 못하는 것에만 주목할 게 아니라 '어떻게 하면 잘할 수 있게 될까'라는 관점에서 방법을 생각해본다. 여기서 중요한 것은 되도록 상대방의 입장에서 생각해보는 것이다. 상대방이 왜 잘 못하는지 이유가 판명되고, 실제로 가르쳐줬는데도 잘 못할 경우에는 더이상 무리하게 끌고 가서는 안 된다.

어떤 작업에 서툴다는 것은 그 사람의 특성일 수 있다. 그런 경우라면 아무리 가르쳐도 고쳐지지 않는다. 그럴 때는 안 되는 걸 억지로 하게 할 게 아니라 빨리 방침을 바꿔본다. 안 되는 건 포기하고 다른 업무를 하게 하는 것도 하나의 방법이다. 업무 전체의 효율성과 적정성을 고려해서 각자의 특성을 파악하고 업무 분장이 잘 되는 방향으로 이끌어가는 것이 바람직하다.

멘탈 닥터's Message

일을 잘하지 못하는 사람이 있을 때는

그 사람 마음이 되어 생각해보는 게 중요하다.

아무리 애써도 잘 못할 경우에는 집착하지 말고

그 사람이 잘 할 수 있을 만한

업무로 바꿔주자.

CASE 31

열심히 하지 않는 사람을 도저히 못 봐주겠다

책임감이 강하고 지기 싫어하는 사람은 무슨 일이든 자기 혼자서 하려는 경향이 있다. 온 세상 일을 혼자서 다 떠맡은 듯이 하면서 힘들어하고, 결국 부담감 때문에 지쳐 나가떨어지는 경우도 종종 있다. 게다가 자신이 열심이기 때문에 열심히 하지 않는 것처럼 보이는 사람이 눈에 띄면 '나만 왜 이렇게 해야 하지?' 하면서 분통을 터뜨리기도 한다.

그런 사람에게 하고 싶은 말이 있다. 이 세상에는 여러 종류의 사람이 있다는 것! 그리고 그런 사람들과 협력할 수 있어야 한다는 사실이다.

사람들은 누구나 모든 것을 자기 기준으로 생각하기 쉽다. 어느 정도는 불가피한 일이긴 하지만, 이 세상에는 정말로 여러 유형의 사람들이 있으므로 좀 더 넓은 시야로 세상을 바라본다면 보다 편해질 수 있을 것이다.

당연히 당신보다 체력이 떨어지는 사람이 있는가 하면, 기력이 없는 사람도 있을 것이다. 그런 사람들을 무시하거나 얕잡아 보기보다는 '나는 나, 남은 남'이라는 생각을 갖고 비교하지 말아야 한다. 비교하지 않게 되면 경쟁의식이 차츰 사그라들고

'나 혼자서 해야 된다'는 부담감도 줄어들 것이다.

유독 자존심이 센 사람은 좀처럼 주변 사람과 협력하려고 하지 않는다. 정확히 어떤 것이 먼저인지는 모른다. 주변 사람들과 협력할 기회가 드물었기 때문에 자존심이 높아진 것일 수도 있다. 이유야 어찌 됐든 이 세상에는 여러 유형의 사람들이 있다는 것을 깨닫고 그런 사람들과 함께 간다고 생각한다면 강한 자존심도 한결 누그러들 것이다.

혼자서 다 해내야 한다는 생각을 버리면 부담감에 짓눌리는 일도 없다. 진정으로 강한 사람은 경쟁에서 이기는 사람이 아니라 주변과 협력할 줄 아는 사람이라는 사실을 명심하자.

멘탈 닥터's Message

세상에는 여러 종류의 사람이 있다.

다른 사람과 나는 다르다는 점을 의식하고

'저런 사람도 있구나'라고

생각할 수 있어야 속이 편하다.

CASE 32

한순간에
화가 폭발할 때가 있다

안 좋은 일이나 언짢은 일이 있을 때 나도 모르게 충동적인 행동을 하고 싶어질 때가 있다. 그럴 때 충동적으로 행동하고 난 후 후회하는 일은 피해야 한다.

스트레스를 해소한다고 매일같이 과음하다가 몸이 망가질 수 있다. 스트레스 받을 때마다 충동 구매를 하다 보면 통장에 잔고가 남아 있지 않아 충격을 받게 된다. 다른 사람의 뒷담화를 하거나 꼴 보기 싫은 사람에게 통쾌하게 복수하는 것도 일시적으로 스트레스 해소가 될 수는 있다. 하지만 인간관계를 악화시킬 가능성이 있으므로 이 방법은 피하는 것이 좋다.

위에 열거한 부정적인 스트레스 해소법 대신 긍정적인 스트레스 해소법을 찾아보는 것은 어떨까. 운동으로 땀을 흘린다거나 노래방에 가서 큰소리로 실컷 노래를 부르는 등, 나중에 후회로 남지 않을 만한 행동을 선택하는 것이다.

평소 '속이 부글부글 끓을 때 하지 말아야 할 행동 리스트'를 만들어두는 것도 좋은 방법이다. 과거에 화가 난다고 충동적으로 하고 나서 후회했던 행동을 미리 목록으로 만들어두는 것이다. 처음부터 하지 않겠다고 작정을 하면 나중에 후회하는 일을 막을 수 있다.

특히 분노라든가 부글부글 끓는 감정은 정점을 지나고 나면 자연스럽게 안정된다. 그렇기 때문에 감정이 끓어오를 때 어떻게 행동을 억제할 것인가가 중요하다. 하지 말아야 할 행동 리스트를 미리 정해두고, 그 행동 외에 스트레스 해소에 효과적인 방법을 잘 활용하도록 하자.

멘탈 닥터's Message

화가 나서 속이 부글부글 끓을 때
충동적으로 행동하면 후회할 수 있다.
자신에게 마이너스가 되지 않는
스트레스 해소법을 알아두자.

CASE 33

남과 비교하며
스스로 평가절하한다

'다른 사람과 비교해서는 안 된다', '그 사람은 그 사람이고 나는 나다!'… 이 같은 사실을 머리로 이해는 해도 어쩌다 보면 결국 비교하곤 하는 게 사람 심리의 어려운 점이기도 하고 흥미 깊은 부분이기도 하다. 다른 사람과 끊임없이 관계 맺으며 살아가고 있는 현대인에게 '누구와도 절대 비교해서는 안 된다'라고 하는 것은 불가능한 일이다.

비교하는 것에는 어른과 아이 구분이 없다. 아이에게 "누구누구 좀 보고 배워라"라고 말하면서도 입버릇처럼 "옆집은 옆집이고 우리 집은 우리 집"이라고 하는 이중적인 면을 보인다.

다른 사람과 비교하지 않는 것은 무척 어려운 일이다. 그렇다면, 비교로 인해 스스로 부정적인 생각에 빠지기 쉬운 사람은 어떻게 해야 좋을까.

그런 사람에게 하고 싶은 말은 '영리하게 비교하라'는 것이다. 앞에서도 말한 바와 같이, 다른 사람과 전혀 비교하지 않고 살기는 어렵다. 그렇다면 자신에게 영리한 방식으로, 또는 플러스적인 방법으로 비교하는 것이다.

예를 들어, 나와 다른 사람의 급여를 비교할 때도 나보다 많은 사람과 비교할 게 아니라 나보다 적은 사람과 비교한다. 업무 성과 같은 것도 현재 시점에서는 다른 사람보다 낫다는 식으로 자기에게 유리한 정보만을 픽업한다.

나보다 뛰어난 사람, 내가 동경하는 사람과 비교하게 되면 부정적인 감정에 휩싸이기 쉽다. 그런 생각이 떠오른다면 당장에 스위치를 전환하자. 중요한 것은 비교하지 않는 것이 아니라 비교로 인해 스스로를 평가절하하지 않는 것이다.

다만, 이 경우 주의할 점이 있다. 자신에게 영리하게 비교할 때는 어디까지나 마음속으로만 담아둬야지 주변에 대놓고 말하는 것은 삼가야 한다. '내가 더 낫다'는 식의 내 주장이 상대방에게 전해지기라도 하면 상대에게 상처를 줄 수 있고 사이가 나빠질 가능성도 있기 때문이다. 자기 긍정감을 심는 것은 마음속에서만 하도록 한다.

멘탈 닥터's Message

남과 비교하며 부정적인 생각에 빠진다면

당장 스위치를 전환하자.

비교할 수밖에 없을 경우에는 영리하게!

어디까지나 자기 마음속에만 담아두어야 한다.

CASE 34

나보다 행복해 보이는 사람이 너무 부럽다

누군가와 비교하는 것에는 장점도 있고 단점도 있다. 예를 들어, 나와 모든 면에서 경쟁하는 라이벌이 있는데 '저 사람은 저렇게 열심인데 내가 져서는 안 되지'라는 생각이 든다면 그것은 장점이 된다. 하지만 나보다 행복해 보이는 사람을 보면서 '아… 나는 도대체 왜 이러지'라는 부정적 생각이 든다면 그것은 단점이 된다.

장점이 되는지 단점이 되는지는 그때그때 마음 상태에 따라 다르다. 앞에서 예로 든 경우, 라이벌에 대해 실제로는 '저 사람은 저렇게 열심인데 도대체 나는 왜 이러지'라고 생각할 수도 있고, 행복해 보이는 사람을 보면서 '나도 저만큼 행복하게 될 수 있도록 노력하자'라고 생각할 수도 있다. 결국, 비교가 괜찮은 것인지 안 좋은 것인지는 자신이 그것을 어떻게 받아들이느냐에 달려 있다.

비교하고 싶지 않지만 늘 신경 쓰이는 사람이 있을 때는 스스로 의욕과 긍정감이 충만할 때만 비교해보자. 어떤 상황이건 자신에게 뭔가 의욕과 동기 부여가 있을 때라면 비교하게 돼도 '뭐 어때, 나도 한번 해보지!'라는 생각이 들기 마련이다.

그러나 의기소침해져 있을 때는 '내 주제에 뭘…' 하면서 더욱 부정적인 감정에 빠져들게 된다. 상대방의 존재가 신경 쓰이는 것은 어쩔 수 없는 일이므로 내가 의욕적일 때만 비교해보자.

비교해봤자 그리 기분 좋지 않을 것 같다는 느낌이 들 때는 눈길을 주지 말고 그냥 흘려보내는 편이 낫다. 내가 긍정적으로 받아들일 수 있을 때만 정보를 받아들이는 것도 중요한 삶의 기술이다.

멘탈 닥터's Message

의기소침할 때 다른 사람과 비교하면

더욱 부정적인 감정에 빠져들게 된다.

내가 긍정적으로 받아들일 수 있을 때만

정보를 받아들여 비교한다면

오히려 플러스가 될 수 있다.

CASE 35

인기 있는 SNS를 보면 눈에 거슬린다

요즘에는 인터넷과 SNS 발달로 수많은 사람들과 교류할 수 있다. 팔로워를 많이 확보하기 위해 시간과 정성을 쏟는 사람들도 많다. SNS에서는 팔로워 숫자가 바로 나타나기 때문에 어떤 사람이 인기 있는지 알기 쉽다. 하지만 별로 대단해 보이지 않는 사람에게 수많은 팔로워가 따르는 것을 보면 왠지 복잡한 기분이 되기도 한다.

그런 기분을 느껴본 적 있는 사람에게 해주고 싶은 말은, 팔로워 숫자가 많다고 해서 꼭 인기 있다고는 할 수 없다는 사실이다.

SNS에서는 단호한 표현이 눈에 잘 띄기 때문에 과격한 발언일수록 반응이 오기 쉽다. 누군가를 비판하거나 부정적인 발언을 되풀이해서 팔로워 숫자를 늘리는 경우도 있다. 그 경우 팔로워는 팬이라기보다는 감시자 역할에 가깝다. 실제로 수많은 팔로워를 거느리고 있는 사람의 글을 보면 대부분 부정적인 댓글이 넘친다. 수많은 팔로워가 생겼다 하더라도 부정적인 의견이 도배되어 있다면 좋을 게 없다. 겉보기에만 인기 있어 보일 뿐 대부분 실체가 없는 경우도 많다.

실제로 팔로워 숫자를 늘리려고 과격한 발언을 되풀이하다가는 안티의 표적이 되기 쉽다. 그렇게 되면 좋아하지도 않는 사람 때문에 시간과 노력을 쏟아붓는 셈이 되니 어느 누구도 행복하지 않게 된다.

소셜 미디어 시대에 누군가로부터 주목을 받는다는 것은 확실히 중요하다. 하지만 결국 지속적인 인기가 있는 사람은 신뢰할 수 있고 뛰어난 인간적 성품을 지닌 사람들이란 점을 잊지 말자. SNS에서 지나치게 남의 주목을 끄는 사람을 동경하다가는 실생활에서도 부정적으로 작용할 가능성이 있으니 충분한 주의를 기울여야 한다.

멘탈 닥터's Message

팔로워 숫자가 많다고 해서

반드시 인기 있는 사람이라고는 할 수 없다.

팔로워 숫자가 아무리 많다고 하더라도

사람들로부터 비난을 받는다면

좋을 게 없다.

CASE 36

팔로워 숫자가 많은 사람을 질투하게 된다

SNS가 생겨난 이후 좋은 의미에서건 나쁜 의미에서건 우리의 생활은 상당한 영향을 받고 있다. 여러 사람의 의견을 참고한다거나 유익한 정보를 쉽게 손에 넣을 수 있다는 점에서 SNS가 분명 편리하긴 하다. 하지만 쓸데없는 정보에 시간과 감정을 소모한다거나 별로 보고 싶지 않은 사람, 혹은 질투의 대상인 사람의 근황이 눈에 쉽게 들어온다는 단점도 있다.

SNS 이용 팁 중의 하나가 별로 상대하고 싶지 않은 사람은 즉시 차단할 수 있다는 것이다. 그런데 실제 인간 심리에서 흥미로운 부분이, 질투의 감정이 '싫다'는 것과 동일한 것은 아니라는 점이다.

상대방의 동향이 신경 쓰인다, 참고는 된다, 하지만 약이 오른다, 부럽다…. 이런 상반된 감정이 동시에 존재하는 일이 SNS상에서는 흔히 일어나고 있다. 이런 감정의 배경에는 '나도 열심히 하고 있는데 인정을 받지 못한다'는 심리가 숨겨져 있다. 이것을 심리학 용어로 '자기 불완전감'이라고 한다. '자기 불완전감'이 강하기 때문에 이미 인정받고 있는 사람을 부러워하다가 결국 질투로 이어지고 마는 것이다.

자기 불완전감을 해결하는 방법은 상대방과의 비교를 멈추는 것이다. 또한 다른 사람으로부터 인정을 구하지 말고 스스로 자신을 인정해주는 것이다. 아주 작은 것이라도 좋으니 뭔가 해낸 자신을 칭찬한다. 이런 과정을 되풀이하다 보면 다른 사람으로부터 인정받기 위해서가 아니라 자기 자신을 성장시키기 위해서 노력하게 된다.

비교를 멈추기도 힘들고 스스로 인정하기도 힘들다면 질투의 감정에 휘말리지 않기 위해 자발적으로 상대방의 정보를 차단해버리는 것도 방법이다. 그렇게 하지 않으면 질투심 때문에 누군가의 안티가 될 위험성도 있으니 사전에 주의를 기울여야 한다.

멘탈 닥터's Message

질투의 배경에는 자기 불완전감이

숨겨진 경우가 많다.

타인과의 비교를 멈추고

스스로 성장하고 있다고 인정해주면

질투의 감정은 누그러든다.

4장

나를 사랑하고 싶다

늘 나 자신을 부정적으로 본다

주변 사람과 끊임없이 비교하게 된다

스스로 초라해지는 느낌이 든다

멘탈이 약한 자신에게 실망하곤 한다

모든 사람이 내게 화가 나 있는 것 같다

고객이 던진 말이 잊혀지지 않는다

상사의 상처 주는 말 때문에 우울해진다

현실이 이상을 도저히 따라가지 못한다

정신과에 가봐야 할지 고민 중이다

CASE 37

늘 나 자신을
부정적으로 본다

사람은 주변 상황에 따라 영향을 받으면서 살아간다. 컨디션이 좋은 날이 있는가 하면 그렇지 못한 날이 있다. 기분도 그때그때 다르고 몸 상태도 다르다. 사람의 생명 활동에 나타나는 주기적인 변동을 바이오리듬이라고 하는데, 흔히 컨디션과 비슷한 의미로 사용되기도 한다. 바이오리듬이나 컨디션은 일에도 영향을 미쳐서, 그날그날의 바이오리듬이나 컨디션에 따라 생산성과 업무의 효율성이 달라진다.

컨디션이 늘 좋은 상태를 유지하는 것은 쉽지 않다. 누구나 컨디션의 파도는 있기 마련이며 우리의 마음은 늘 긍정과 부정을 왔다 갔다 한다. 우리 몸의 상태에 따라 0점에서부터 100점까지 점수를 준다면 대부분 매일매일 그 사이를 마치 시계추처럼 왔다 갔다 할 것이다.

물론 사람에 따라 정도의 차이는 있겠지만, 어떤 사람이든 늘 0점일 때도 없고 늘 100점인 경우도 없다. 이 사실을 염두에 두고 이상적인 자신의 상태를 점수로 나타내보자. 자기 상태가 현시점에서 몇 점 정도인지 가늠해보는 것이다. 그런 다음, 조금씩 나아지기 위해 어떻게 하면 좋을까 생각하면서 어느 정도 노력을 병행한다.

예를 들어, '오늘 내 컨디션은 30점 정도야'라고 판단이 된다면 누구를 만나거나 괜히 뭔가를 붙들고 늦게까지 씨름하지 말고 일찌감치 잠자리에 들어버리는 것이다. '오늘 내 컨디션은 80점 정도'라고 판단이 된다면 좀 더 힘을 내서 성과를 내본다. 효율적인 업무 수행을 위해서는 컨디션의 파도를 잘 타야 한다.

목표치가 너무 높으면 성과 내기가 어렵다. 열심히 했는데도 성과를 내지 못하면 비관적이 되고 자기 부정에 빠지기 쉽다. 반면, 자신의 상태를 객관적으로 파악하고 목표를 설정한다면 크게 힘들이지 않고 일을 해낼 수 있을 것이다. 자신을 부정적으로 보는 시각도 개선되고 점차 긍정적인 에너지로 채워질 것이다.

멘탈 닥터's Message

100점짜리 나 자신을 목표로 삼으면

지금의 나를 언제나 부정적으로 보게 된다.

그보다는 지금 내 상태에서

5점 정도만 높이는 것을 목표 삼아,

어떻게 하면 좋을지 생각해보자.

CASE 38

주변 사람과 끊임없이 비교하게 된다

인스타그램이나 페이스북 같은 SNS에 올라오는 글들을 보면 각종 자랑거리로 가득하다. 다른 사람의 SNS를 보다 보면 화려한 그들의 삶이 나와 비교되어 불행하다는 생각마저 든다. 스스로 아무것도 하지 못하는 무력한 사람인 것 같아 우울해질 때가 있다.

여기서 잠깐만 생각을 멈추고 왜 그 사람과 비교를 하는지 곰곰이 따져보자.

상대가 나와 비슷하다고 생각하기 때문에 비교하는 것이다. 비슷한 상대라고 생각하고 있었는데 그 사람이 자기보다 성과를 잘 내거나 행복해 보이면 비교가 되고 우울해진다.

사람들은 나와 상관없는 사람보다는 내 가까이에 있는 사람과 비교하게 된다. 대개는 동료나 친구 등 가까이에 있는 사람이 비교 대상이 된다. 뉴스에 성공한 사람들의 인터뷰가 소개돼도 나와 거리가 먼 사람이라면 그 사람과 비교하게 되지 않는다. 빌 게이츠와 돈으로 경쟁하려고 하지 않으며, 우사인 볼트와 달리기로 비교할 생각은 하지 않는다.

하지만 잘 생각해보자. 그 사람이 나와 비슷하다고 느껴서

나 혼자 일방적으로 비교하고 있을 뿐, 상대방은 그에 대해 아무 생각이 없다.

이 세상 모든 사람은 각자의 목표치와 기준점이 다르다. 각자 준비된 노선도 다르고 도착점도 다르게 설정되어 있다. 그러므로 각자 자신에게 맞는 방법대로 목표를 향해 나아가면 된다. 중요한 것은 남과 비교할 게 아니라 자기 자신과 승부를 겨뤄야 한다는 것이다.

정해진 나만의 도착점에 어떻게 하면 잘 도달할 수 있을까에 집중한다면 주변 사람들과 비교하는 버릇이 줄어들고 마음도 편안해질 수 있다.

멘탈 닥터's Message

모든 사람은 각자의 목표치와 기준점이 다르다.

남과 비교할 게 아니라

자기 자신과 승부를 겨뤄야 한다.

나만의 도착점에 어떻게 잘 도달할 수 있을까에

집중하는 것이 중요하다.

CASE 39

스스로 초라해지는 느낌이 든다

정신건강에 안 좋다는 걸 알면서도 다른 사람과 비교하게 되고, 그러다 보면 주변 사람들이 모두 나보다 훨씬 나아 보여 스스로 초라해지는 느낌이 들 때가 있다. 특히 SNS에서는 모두들 뛰어나 보인다.

인스타그램이나 유튜브 등을 보면 대단한 재능을 가진 사람들이 많다. 요리를 잘하는 사람, 인테리어를 잘 꾸미는 사람, 스타일이 좋은 사람 등이 줄줄이 눈에 들어온다. 그런 사람들을 보고 있노라면 부러움과 동시에 열등감이 들기도 한다.

하지만 그런 사람들은 눈에 띄는 행동을 하기 때문에 사람들의 눈에 띄는 것이며, 무엇보다 다른 사람들에게 보여줄 수 있는 모습만 보여주고 있다는 사실을 알아야 한다. SNS의 특성상 그런 것들이 인상에 남기 쉽다.

게다가 SNS상에서는 많은 사람들이 의식적·무의식적으로 '남들에게 어떻게 보이고 싶은가'에 신경 쓰면서 연출을 한다. 다른 사람들에게 보여주고 싶지 않은 모습을 SNS에 올리는 일은 드물다. 그렇기 때문에 SNS상에서 보이는 모습이 멋져 보일 수밖에 없다.

현실 세계에서도 마찬가지다. 부정적인 면까지 포함해 자기의 모든 것을 그대로 주변에 드러내면서 생활하는 사람은 거의 없다. 어떤 사람의 겉에서 보이는 모습은 어디까지나 그 사람이 지닌 것 중 아주 일부분에 불과하다.

반면, 당신은 단점이나 마음에 안 드는 점까지 포함해 자신의 모든 것을 다 알고 있다. 그런 점에서 다른 사람과 비교한다는 것이 별로 의미가 없다. 주변에 드러내지 않을 뿐 누구에게나 단점은 있다.

멘탈 닥터's Message

백 퍼센트 알고 있는 나 자신과
표면적으로 좋은 부분밖에 알지 못하는 타인을
비교하는 것은 적절치 못하다!
사람은 누구나 타인에게는 보여주지 않는
단점을 갖고 있다.

CASE 40

멘탈이 약한 자신에게 실망하곤 한다

흔히 '멘탈이 강하다', '멘탈이 약하다' 같은 말을 많이 쓴다. 일반적으로 사람들은 멘탈이 강하다는 것을 '정신력이 강하다', '공격에 대한 방어력이 높다'는 식으로 받아들인다. 사실 멘탈이 강하다는 것은 '회피력이 높다', '방어기제가 발달해 있다'고 생각하는 편이 옳다.

개중에는 무슨 말을 듣건 전혀 신경 쓰지 않는 강인한 멘탈을 지닌 사람도 있다. 하지만 대부분의 사람들은 지적을 받거나 안 좋은 말을 들으면 우울해하기도 하고 신경이 쓰인다.

반면, 멘탈이 강한 사람은 회피력이 높기 때문에 누군가의 지적에 의기소침했다가도 금방 빠져나갈 길을 찾아낸다. 다른 곳으로 재빨리 시선을 돌리기도 하고, 자기가 들은 말을 다른 식으로 해석해서 받아들이기도 한다.

다른 곳으로 시선을 돌린다는 것은 다른 일에 집중해서 그것으로 두뇌 공간을 채움으로써 생각하기 싫은 것이 떠오르지 않도록 하는 것이다. 다른 식으로 받아들인다는 것은, 예를 들어 지적을 당했을 때 적당한 선에서 기분이 안 좋다가 '뭐, 그것만 고치면 훨씬 더 좋아지겠지?' 하며 긍정적인 방향으로 발상을 전환하는 것을 말한다.

멘탈이 강한 사람은 원래 자기 기분이 나빠질 만한 일은 되도록 피하려고 한다. 자기와 맞지 않는 사람은 만나지 않는다거나, SNS는 재빨리 차단해버리는 식으로 대처한다.

멘탈을 단련하고 싶다면 무슨 말을 듣더라도 신경 쓰지 않겠다고 마음 먹을 게 아니라, 유연한 사고방식을 기르도록 힘써야 한다. 유연하게 생각한다는 것은 새롭게 벗어날 길을 찾기가 쉽다는 뜻이다. 벗어나는 길을 많이 마련해두면 마음의 부담을 조금이나마 줄일 수 있다.

멘탈 닥터's Message

멘탈이 강한 사람은

외부의 공격에 의기소침했다가도

금방 빠져나갈 길을 찾아낸다.

멘탈을 단련하려면

유연한 사고를 기르도록 힘쓴다.

CASE 41

모든 사람이 내게
화가 나 있는 것 같다

직장의 모든 사람들이 나한테 신경이 곤두서 있다는 느낌이 든다…. 생각만 해도 숨이 막힐 것 같은 상황이다. 그런 느낌은 당신이 주변 반응에 지나치게 민감해서 늘 긴장하고 있기 때문일지도 모른다. 자신이 지나치게 민감한 것은 아닌지 냉정하게 돌아볼 필요가 있다.

그러나 직장 환경 자체가 그다지 좋지 못해서 그 속에서 일하는 사람들이 모두 과민해져 있을 가능성도 있다. 신경이 곤두서 있는 사람은 주변 상황을 객관적으로 바라보지 못한다. 아무것도 아닌 일에 감정이 격앙되어 당신 때문이 아니어도 늘 당신에게 날선 태도를 보인다. 개인적으로 안 좋은 일이 있으면 직장에서도 그런 태도가 곧바로 행동으로 드러난다.

당신이 미움받을 만한 행동을 한 게 없다면 걱정하지 않아도 된다. 당신에게 원인이 있어서가 아니라 그 사람 자신, 어쩌면 직장 환경에 문제가 있을지도 모른다. 그런 사람이 주변에 있고 그날 따라 그 사람이 컨디션이 안 좋아 보이면 '아, 오늘은 좀 불편하겠구나'라는 생각을 하면서 좀 거리를 두도록 하자.

덧붙여서, 당신 자신은 평소 어떤 태도를 취하고 있는지도 한번 생각해보라. 늘 화가 나 있는 상대방에게 반응하느라 당신도 늘 신경이 곤두서 있는 것은 아닌지, 다른 사람의 행동을 거울 삼아 스스로를 한번 들여다보자.

건전하지 않은 직장 환경에서 함께 지내다 보면 자신도 어느새 물이 들지도 모른다. 그렇다면 당신이 나서서 환경을 바꾸어보는 것은 어떨까? 미소 띤 얼굴, 인사, 작은 마음 씀씀이 같은 것을 보여준다면 주변에 전염되어 분위기 개선에 도움이 될 수도 있다.

멘탈 닥터's Message

부정적인 공기는 전염된다.

늘 화가 나 있는 상대방에게 반응하느라

당신도 신경이 곤두서 있다면

스스로 나서서 환경을 바꿔보는 것은 어떨지….

CASE 42

고객이 던진 말이 잊혀지지 않는다

서비스 교육을 받다 보면 '고객은 언제나 옳다'거나 '고객은 왕이다'라는 말을 많이 듣는다. 이런 고객 제일주의 때문인지 손님 중에는 갑질을 하며 말도 안 되는 트집을 잡거나 심한 말을 내뱉는 경우도 있다.

손님이니 참아야 한다는 것을 알고는 있지만 판매원 입장에서 이런 일을 겪으면 기분이 엉망이 되어버린다. 얼굴이 화끈 달아오르고 가슴이 두근거리기까지 한다. 그 일이 지난 후에도 고객이 던진 말이 잊혀지지 않고 자꾸 떠올라 괴롭다.

이런 경우라면 어떻게 하는 것이 좋을까? 가장 좋은 방법은 자기 자신을 그 상황에서 분리시키는 것이다. '상대방이 심한 말을 했다'는 사실을 자신의 문제가 아니라 상대방의 문제로 받아들이는 것이다.

'내가 뭐 잘못했나?', '불쾌하게 했나?' 이렇게 생각할 게 아니라 '이 사람은 사소한 일에도 화를 잘 내고 참을성이라곤 하나도 없는 사람인가 보네', '이렇게 큰소리로 소란스럽게 구는 걸 보니 평소에 주변에서 어떤 평판을 들을지는 뻔해'라는 식으로 상상하는 것이다.

나한테 웬만큼 큰 잘못이 없는 한 상대방의 문제로 받아들이면 새로운 관점에서 생각할 수 있다. 그렇게 되면 크게 스트레스를 받지도 않을 것이며, 그 일이 마음의 상처로 남을 일도 없을 것이다.

좀 더 단순하게 생각한다면, 어쨌거나 싫은 손님과 맞닥뜨렸을 때 '또 왔군. 이런 나쁜!'이라고 생각해버리는 것도 좋은 방법이다. 문제가 있는 상대방에게 잘 대응했다는 생각이 든다면 우울하거나 억울한 기분도 가라앉을 것이다.

멘탈 닥터's Message

상대가 심한 말을 할 때
어쩔 수 없이 듣고 있어야 하는 상황이라면
자기 자신을 그 상황에서 분리시킨다.
내 문제가 아니라 상대의 문제로 받아들이면
마음이 한결 편하다.

CASE 43

상사의 상처 주는 말 때문에 우울해진다

직장생활에서 윗사람이라는 존재는 어떤 의미에서 절대적이다. 상사의 갑질이 심한 직장에서 일할 수밖에 없는 사람에게는 동정심마저 든다.

상대방을 부정하는 말을 일삼는 사람이라면 특히 주의해야 한다. 그런 유형들은 "그러니까 너는 안 된다고", "이런 것도 할 줄 몰라?" 같은 말을 내뱉음으로써 상대방의 자기 긍정감을 박탈한다. 그런 말을 들은 사람은 '나는 도저히 안 되나보다'라는 생각에 빠지게 되고, 이런 일이 계속되다 보면 자존감마저 낮아지게 된다. 하지만 직장 상사가 말로 상처를 줄 때 '내가 잘못했나?' 하며 자책할 필요는 없다. 문제는 '내'가 아니라 '윗사람의 말' 때문이라는 사실을 똑바로 알아야 한다.

당신에게 상처가 되는 말을 아무렇지도 않게 내뱉는 사람이라면 문제를 공론화하는 것도 생각해볼 수 있다. 말로 상처 주는 일이 계속된다면 회사 내의 담당 부서와 상담해서 대처한다. 그 행위가 직장 내 괴롭힘에 해당하는 경우, 회사 측에서도 적절한 조치를 취할 필요가 있다.

그런 윗사람은 기본적으로 타인의 감정에 대해 둔감하기 때문에 누가 직접 말을 해도 쉽게 변하지 않는다. 도저히 어쩔 수 없을 때는 제삼자와 상담해서 도움을 받는 것이 좋다. 그것이 무엇보다 빠르고 확실한 해결책이다.

그런데 현실에서는 직장 내 갑질을 참고 또 참는 경우가 많다. 잘못 고발을 했다가는 뒷감당이 두려워 좀처럼 제삼자와 상담하려고 하지 않기 때문이다. 학교에서 일어나는 집단따돌림이나 학교 폭력 등과 똑같은 구조인 셈이다. 그럴 때는 회사와는 관계없는 입장에 있는 사람에게 이야기해보는 것도 좋다. 회사와 이해관계가 없는 상대라면 냉정한 판단을 할 수 있고, 그로 인해 어느 정도 용기를 얻을 수도 있다.

중요한 것은 힘든 일을 혼자 삭이면서 고통스러워 하지 말아야 한다는 것이다. 그것이 멘탈 관리에서 아주 중요하며 자기 자신을 지키는 방법이다.

멘탈 닥터's Message

직장 상사가 말로 상처를 줄 때

자책할 필요는 없다.

문제는 '내'가 아니라 '윗사람의 말' 때문이다.

도저히 어쩔 수 없을 때는

제삼자와 상담하거나 문제를 공론화한다.

CASE 44

현실이 이상을
도저히 따라가지 못한다

누구나 이상적으로 생각하는 자신의 모습이 있을 것이다. 하지만 이상을 실현하는 사람은 많지 않다. 자신의 현재 상태에 충분히 만족하는 사람도 얼마 안 된다.

겉보기에 화려하고 성공한 것 같아 보여도 실제로는 자신의 이상을 달성하지 못해 고민하는 사람들이 많다. 이상을 좇아가기에 현실의 벽이 너무 높은 것이다. 겉으로 화려해 보이거나 사회적으로 성공한 사람들과 접촉해야 하는 직업일수록 현실과 이상의 차이가 크다.

비록 현실은 초라하지만, 그럼에도 사람들은 여전히 이상을 추구하며 살아간다. 이상이 높은 사람일수록 그에 도달하지 못하면 비관에 빠지고 의기소침해지기 쉽다. 현실이 이상을 도저히 따라가지 못한다고 하더라도 포기하지 말아야 한다. 이때는 일단 이상을 옆으로 제쳐두고 '목표'를 설정해보자.

'이상'이라는 단어를 사전에서 찾아보면 '생각할 수 있는 범위 안에서 가장 완전하다고 여겨지는 상태'라고 나와 있다. 단어의 뜻을 알고 나니 이상을 실현하는 것이 더더욱 어렵게 느껴진다. 바로 그런 이유로 이상을 좇기보다는 구체적인 목표를 세우고 그것을 달성해보라는 것이다. 이렇게 하나둘씩 목표를 이뤄나가다 보면 어느새 내가 꿈꿨던 이상에 한 발 다가선 것을 발견할 수 있을 것이다.

목표는 언제든 자신의 뜻과 계획에 따라 바꿀 수 있다. 목표의 크기나 수준도 사람마다 다 다르다. 목표 설정을 할 때는 자신의 수준에 비해 무리 없이 실행할 수 있는 것보다 약간 어려울 정도로 한다. 그러면 도전 의식이 싹트고, '조금만 더 힘내면 되겠다'는 식으로 스스로를 격려할 수 있다.

목표에 도달했으면 스스로를 칭찬해주고 다음번 목표를 세운다. 이렇게 되풀이하다 보면 현실과 이상의 거리가 한결 가까워지고 자기 긍정감이 높아진다. 높은 이상을 추구하지 않더라도 작은 목표를 하나씩 이루어가는 삶의 방식을 추천한다.

멘탈 닥터's Message

자신의 이상을 달성하는 것은 어렵다!
작은 목표를 성실하게 쌓아올리는 편이
결과적으로 올바른 자기 성장으로
이어질 수 있다.

CASE 45

정신과에 가봐야 할지 고민 중이다

마음의 병으로 정신과 상담을 받는 사람들이 해마다 늘고 있다. 국민건강보험공단의 자료에 따르면 최근 10년간 정신과 진료를 받는 사람은 해마다 5%씩 증가하는 것으로 나타났다. 정신질환이 있음에도 병원에 가지 않는 사람들이 있다는 사실을 감안하면 실제 숫자는 훨씬 더 많을 것으로 예상된다. 왜 이렇게 정신과에 다니는 사람들이 늘어날까.

정신질환을 일으키는 원인은 유전적인 요인과 환경적인 요인으로 나뉜다. 유전적 요인은 원래부터 그 사람이 갖고 있는 특성이고, 환경적 요인은 주변의 영향을 받아 후천적으로 나타나는 것이다. 정신과 치료를 받는 사람이 해마다 늘고 있는 것은 대부분 환경의 영향 때문인 것으로 파악된다. '정신질환에 걸리기 쉽다 = 마음이 약하다'가 아니라, 원래 지닌 성격에 관계없이 환경의 영향 때문에 정신질환이 늘고 있다는 것이다.

그렇다면 마음의 병에 걸린 것 같다고 느껴질 때 어느 단계에서 병원을 찾아야 할까. 여기에는 중요한 기준이 두 가지 있다. 하나는 일상생활에 부정적인 영향이 나타날 때, 두 번째는 주변에서 병원에 가볼 것을 권할 때다.

사람들은 안 좋은 일이나 괴로운 일이 생기면 우울해지거나 잠을 잘 못 이루는 경우가 많다. 일시적인 문제라면 상관없지만 오랜 기간에 걸쳐 계속해서 일상생활에 지장을 준다면 정신과 검진을 받아보는 것이 좋다. 기분이 우울해져서 식욕도 없고 잠도 오지 않으며, 더 나아가 아무런 의욕도 없는 상태가 2주 이상 지속될 경우에는 주의가 필요하다.

스스로는 별다른 느낌이 없지만 주변에서 권할 경우에도 정신과 검진을 고려하는 게 좋다. 정신적인 부조화는 스스로 깨닫지 못할 때가 많으므로 평소 나를 잘 알고 있는 주변 사람으로부터 지적을 받을 경우에는 자기도 모르는 사이에 위험한 상태가 되었을 가능성이 있기 때문이다. 정신과 검진을 권유받으면 부정하고 싶은 마음이 들 수 있지만, 내가 걱정이 되어 그런 권유를 하는 것일 수 있으니 일단 냉정하게 자기 상태를 돌아보는 게 중요하다.

멘탈 닥터's Message

정신적인 부조화는 스스로 깨닫지 못할 때가 많다.

우울감, 불면, 식욕부진이 지속되고

주변에서 병원에 가볼 것을 권한다면

냉정하게 자기 상태를 돌아보는 것이 중요하다.

5장

안 되는 일투성이다

실패할까 봐 걱정이 앞선다

숫기가 없어서 행동하지 못한다

나 자신을 과소평가하고 있다

남의 시선을 의식하지 않는 사람이 부럽다

온라인 모임에서 집중이 잘 되지 않는다

과거 일에 연연한다

기분 전환을 제때 잘하지 못한다

패배의식에서 빨리 벗어나지 못한다

자기 주관 없이 이리저리 흔들린다

쉬어야 할 때도 쉴 줄을 모른다

부정적인 사고방식이 개선되지 않는다

현실 세계에서 관계 맺기가 힘들다

지금 하는 일이 나와 맞지 않는 것 같다

변화에 뒤처질지 모른다는 불안감이 있다

CASE 46

실패할까 봐 걱정이 앞선다

'실패는 성공의 어머니'라거나 '실패를 두려워하지 말라'는 말들을 많이 한다. 알고는 있지만 실행으로 옮기기는 어렵다. 실패를 겁내지 않고 새로운 일에 도전한다는 것은 말처럼 쉬운 일이 아니다. '실패를 두려워하지 말라'고 말하는 사람은 대부분 이미 성공한 사람들이다.

보통 사람은 실패가 두려운 게 당연하다. 하지만 실패가 두려워 새로운 일에 도전할 수 없다면 그것처럼 안타까운 일은 없을 것이다. 여기서 중요한 점 몇 가지를 생각해보자.

당신은 '성공하지 못하는 것 = 실패'라고 생각하고 있지는 않은가? 다이어트에 도전했지만 생각만큼 살을 빼지 못했다, 올초에 정했던 목표를 달성하지 못했다, 담배를 끊으려고 했는데 못 끊었다. 당신은 이 모든 것을 실패라고 받아들이고 있지는 않은지….

목표에 도달하지는 못했지만 그때까지의 과정이 없어지는 것은 아니다. 시도했는데 결실을 보지 못했다면 다음에 또 도전하면 된다. 왜 달성하지 못했을까, 그 이유를 분석해보면 다음에 똑같은 도전을 할 때 반드시 도움이 된다.

그러니 '목표만큼 하지 못했다 = 실패'라는 식으로 받아들이지는 말자. 오히려 실패가 나에게 좋은 조력자가 된다고 생각하자.

그래도 실패가 두려운 것은 목표를 너무 높게 잡았기 때문인지도 모른다. 그럴 때는 '뭔가에 도전하겠다'라고 의욕만 불태울 것이 아니라 가벼운 마음으로 '시험 삼아 한번 해보자'는 자세를 갖는 것이 바람직하다. 목표를 낮춰 잡으면 실패했을 때도 훨씬 부담이 덜하다.

멘탈 닥터's Message

진정한 의미에서의 실패는 그리 많지 않다.

오히려 다음번 도전에서

도움이 되는 경우가 많으므로

작은 한 걸음부터 내디뎌보자.

CASE 47

숫기가 없어서 행동하지 못한다

함께하는 활동에서 적극적으로 행동하지 못한다, 사람들 앞에서 자꾸만 움츠러드는 것을 느낀다…. 평소 하고 싶은 말을 제대로 못 하고, 자기주장을 내세우지 못해 고민하는 사람 중에 이런 유형이 많다.

이런 사람들은 스스로 자기 성격을 어떻게든 바꾸고 싶어 하지만 성격을 바꾸는 것이 쉬운 일은 아니다. 동창회 같은 데 가서 오랜만에 친구들을 만나보면 모두 기본 성격은 하나도 안 변했구나 하는 것을 느끼게 된다. 세월이 흘러도 원래 밝았던 사람은 여전히 밝고, 소극적으로 움츠러들었던 사람은 여전히 그런 경우가 대부분이다.

물론, 본인의 의지만 있다면 불가능한 것은 아니다. 소극적이고 내성적인 성격이 일상생활에 부정적인 영향을 미친다면 정말로 성격을 바꾸겠다는 굳은 결심을 하고 의식과 행동을 바꾸어볼 필요가 있다. 이때 무리하게 스스로를 바꾸는 것보다는 자신의 성격을 있는 그대로 받아들인 다음에 행동하는 것이 바람직하다. 이것은 지금의 나 그대로여도 괜찮다는 뜻이 아니라, 자기 특성을 받아들임으로써 마음의 부담을 덜 수 있게 하는 게 목적이다.

예를 들어, '나는 숫기가 없다'는 걸 받아들이고 나면 용기내서 자기 기분을 상대방에게 전달했을 때 스스로 뿌듯해져서 자신감이 높아진다. 그러나 '왜 나는 이렇게 숫기가 없는 걸까?'라는 생각만 하면 자기가 하지 못하는 것에만 집중하게 되어 오히려 자신감이 떨어진다.

중요한 것은 자기의 소심한 성격을 비관만 할 게 아니라, 일단 인정하고 난 후 잘 안 되는 부분을 보충하는 방법을 생각해야 한다는 것이다.

성격 자체를 바꾸는 것은 어렵지만 잘 안 되는 것에 조금씩 도전해서 자신감을 기르는 것은 가능하다. 그러다 보면 어느 날 문득 성격도 바뀌었음을 알게 될 것이다.

멘탈 닥터's Message

성격은 간단히 바뀌지 않는다.

스스로 받아들이고 목표를 낮춘 다음,

잘 안 되는 것에 조금씩 도전해서

자신감을 길러나가면

어느 날 성격도 조금은 바뀌게 된다.

CASE 48

나 자신을 과소평가하고 있다

현대 사회인에게는 자기 의견을 확실하게 말하거나, 잘못된 것을 정확하게 지적하는 능력이 요구된다. 이런 능력이 있으면 확실히 남들 앞에서 뛰어나 보이고, 주변 사람들로부터 인정을 받기도 한다. 하지만 과연 이러한 것들이 그렇게 중요한 능력일까.

RPG 게임에 대해 들어본 적이 있을 것이다. RPG란 롤 플레잉 게임(Role Playing Game)의 약자로, 이름 그대로 역할을 분담해 동료와 협력하면서 적을 물리치고 이야기를 진행하는 게임이다. RPG 안에는 다양한 역할의 캐릭터가 있다. 공격을 잘하는 캐릭터, 마법을 잘 부리는 캐릭터, 회복력이 뛰어난 캐릭터 등 어느 하나라도 없으면 게임에서 이기기 어렵다.

롤 플레잉 게임과 마찬가지로 우리 모두는 한 사람 한 사람이 각각의 역할을 맡고 있다. 조직 생활에서 자기 의견을 확실하게 말하는 것도 당연히 중요하지만, 계획을 수립한다거나, 아이디어를 낸다거나, 뒤에서 서포트를 하는 것 모두 마찬가지로 중요한 역할이다.

사람마다 각기 다른 특성이 있고, 요구되는 능력도 서로 다르다. 그럼에도 요즘은 '전부 다 할 수 있는' 멀티 플레이어를 요구하고, 또 그런 사람이 인정받는 시대다. 모든 분야에 뛰어나면 좋겠지만 현실적으로 그런 사람은 존재하지 않는다. 그러니 모든 것을 다 하려고 할 게 아니라 자기가 할 수 있는 일에 집중하는 것이 중요하다.

공격이 주특기인 전사처럼 최전선에서 싸우는 게 어렵다면 다른 역할을 맡으면 된다. 잘하지 못하는 일에 무리하게 덤빌 게 아니라 어떻게 하면 나의 주특기를 더 잘 살릴 수 있을 것인가 생각해보는 것이 현명하다.

멘탈 닥터's Message

당신에게는 당신의 역할이 분명 존재한다.

그 역할을 발견해서 자기 능력을 살리면 된다.

모든 것을 다 하려고 할 게 아니라

자기가 할 수 있는 일에 집중하는 것이 중요하다.

CASE 49

남의 시선을 의식하지 않는
사람이 부럽다

대부분의 사람들은 타인에게 비춰지는 나의 모습에 신경 쓰면서 산다. 남의 시선을 의식한다는 것은 여간 피곤하고 스트레스가 쌓이는 일이 아니다. 이와는 달리 꾸밈 없이 누구에게나 있는 그대로의 모습을 보이는 사람이 있다. 그런 사람은 삶이 편하고 스트레스도 받지 않을 것 같아 부러운 느낌이 들기도 한다.

인간은 사회적 동물이어서 다양한 커뮤니티에 소속되고, 다양한 사람들과 관계 맺으며 살아간다. 자신이 처한 위치에 따라 보여지는 모습도 다르다. 직장에서의 모습이 다르고 친구들과의 술자리에서 보이는 모습이 다르다. 혼자 있을 때, 가족과 함께 있을 때, 친구들과 함께 있을 때, 일할 때 각각 다른 모습을 보인다.

겉모습뿐만 아니라 말투도 달라진다. 편한 사람과 함께 있을 때는 말이나 행동이 자유롭지만, 격식 있는 자리에서는 몸가짐과 말투가 조심스럽다. 있는 그대로의 모습이 아니라 밖으로 드러나는 모습을 의식적으로 연출하다 보니 불편하고 때로는 스트레스를 받기도 한다.

어떤 사람이든 모든 상황에서 한결같이 똑같은 모습만 보여줄 수는 없다. 그때그때 처한 상황에 따라 보여지는 모습이 다른 것은 당연하다. 하지만 보여지는 모습과 실제 모습이 너무나 다를 경우 인지부조화를 겪을 수도 있다. 이로 인해 긴장과 스트레스가 심하다면 한 번쯤 자신을 돌아볼 필요가 있다.

긴장과 스트레스는 고무줄이 한껏 당겨져 있는 상태에 비유할 수 있다. 팽팽하게 당겨진 상태가 일시적이라면 원상 회복이 가능하지만 시간이 길어질수록 회복이 잘 되지 않는다. 회복 불가능한 상태가 되지 않기 위해서라도 스트레스 받는 상황을 만들지 말아야 한다.

억지로 웃음 짓지 않아도 되고 보여지는 모습에 신경 쓰느라 스트레스를 받지 않아도 되는 자기만의 공간을 확보해두는 것도 좋은 방법이다.

멘탈 닥터's Message

모든 상황에서 한결같이

똑같은 모습만 보여줄 수는 없다.

밖으로 드러나는 모습을 연출하려

스트레스 받지 말고

때와 환경에 따라 보여주기를 즐겨보자.

CASE 50

온라인 모임에서 집중이 잘 되지 않는다

코로나바이러스가 유행하면서 온라인으로 회의를 하거나 모임을 갖는 사람들이 많아졌다. 최근 재택근무가 일상화되면서 온라인 회의가 더욱 늘어나는 추세다. 그러나 온라인 회의나 모임이 영 체질에 맞지 않는다는 사람들이 있다. 온라인 모임에서 발언을 하면 주변의 주목을 받기 때문에 부담스럽다는 것이 그 이유다.

온라인 회의에서는 한 사람 한 사람의 얼굴과 목소리가 전체 참석자에게 공유되어, 누군가 발언을 하게 되면 모든 시선이 그 사람을 향하게 된다. 발표자 화면을 핀 고정 하면 그 사람 얼굴이 화면에 가득차기 때문에 더욱 주목을 받는다. 이처럼 주목받는 것에 대한 거부감 때문에 온라인 모임을 힘들어하는 사람이 적지 않다.

다른 사람이 발표할 때 비춰지는 나의 모습이 신경 쓰인다는 사람도 있다. 1시간 이상 길어지는 회의에서 처음부터 끝까지 똑같은 표정으로 있기 힘든 것이 사실이다. 이런 상황에서 누군가 발표할 때 나의 표정이 지루해 보이거나 경청하지 않는 듯한 태도를 보일 경우 자칫 오해를 살 수가 있다. 일거수일투

족 감시카메라에 노출된 것 같아 부담스럽다. 이런 점들 때문에 온라인 모임에 적응이 안 되고 스트레스를 받는다면 억지로 참여할 필요는 없다. 내키지 않는 모임에 참여해서 불성실한 모습을 보이는 것보다는 적당한 이유를 들어 거절하는 편이 낫다.

하지만 온라인 모임이라도 여러 번 빠지다 보면 나중에는 아예 초대를 못 받게 되거나, 단체 대화에서 화제에 끼지 못해 외톨이가 된 느낌이 들 수도 있다. 이런 점이 걱정된다면 다른 방법을 찾아보자. 이야기가 길어질 때는 비디오를 끈다거나, 프로필을 설정해두고 활용하는 것도 방법이다.

참가자 전원이 스트레스 없이 즐길 수 있도록 멤버 간 규칙을 정해놓는 것도 좋다. 회의 참여를 강요하지 않는다거나, 종료 시간을 미리 정해둔다거나, 도중에 나가는 것을 허용한다거나 해서 모임이 부담되지 않게 하는 것이다. 이렇게 한다면 오히려 모임이 즐거움을 나누고 유대감을 강화하는 데 편리한 도구가 될 것이다.

멘탈 닥터's Message

온라인이건 오프라인이건 상관없이,

자기와 맞지 않는 것은 피하도록 하자.

피하기 어렵다면 어떻게든

그것을 즐길 수 있는 방법은 없을지

생각해보자.

CASE 51

과거 일에 연연한다

시간이 지나도 잊혀지지 않는 기억이 있다. 후회스러운 일일수록 더욱 기억에 남아 두고두고 괴롭힌다.

안 좋았던 기억을 떠올리면서 '그 일이 일어나지 않았더라면…', '그때 이렇게 했으면 좋았을걸'이라고 후회하기도 한다. 잊으려 해도 후회스러운 과거의 기억이 떠올라 우울하고 고통스럽다.

할 수만 있다면 과거로 돌아가 잘못된 것을 바로잡고 싶지만 타임머신이라도 있다면 모를까 과거에 일어난 사건을 바꿀 수는 없다. 하지만 과거를 바꾸는 것은 절대 불가능해도 과거에 일어난 사건에 대한 '인식'을 바꾸는 것은 가능하다.

예를 들어, 연인과 헤어져서 우울하고 괴로웠지만 시간이 지나면서 고통은 줄어들고 더 성숙해졌다. 의식적으로 기분을 전환해서 앞으로 나아가다 보니 업무 성과가 좋아졌다. 이때 '헤어졌다'는 사실은 바뀌지 않았지만, 인식이 바뀜으로써 마음의 반응이 변화된 것이다.

과거의 후회스런 기억에서 벗어나지 못한다거나, 자기도 모르게 자꾸만 옛날 일이 생각나서 마음이 괴롭다면 생각을 바꾸어보자. 그 일을 어떻게든 좋은 방향으로 받아들이고 해석하는 것이다. 이렇게 하면 과거의 괴로웠던 기억이 점차 희미해져서 후회나 우울감이 완화된다.

생각을 단번에 바꾸는 것은 어려우므로 기억이 날 때마다 꾸준히 되풀이하도록 한다. 끈기 있게 스스로 타이르는 게 중요하다. 아무리 노력해도 기억에서 사라지지 않거나 충격이 워낙 커서 트라우마로 남았을 때는 전문의와 상담하는 것이 바람직하다.

멘탈 닥터's Message

과거에 일어난 사건을 바꿀 수는 없지만

인식을 바꿀 수는 있다.

그 사건에 어떤 의미를 붙이느냐는

나에게 달려 있다.

CASE 52

기분 전환을 제때 잘하지 못한다

안 좋은 일이 있거나 뭔가에 실패했을 때, 사람들은 속상하고 기분이 우울해진다. 얼마만큼 우울해하는지, 얼마나 오랫동안 우울한 상태가 계속되는지는 사람마다 다 다르다. 만약 우울함의 정도와 지속 시간을 최소한으로 억제할 수 있다면 감정을 컨트롤하는 것이 가능할 것이다.

감정 컨트롤이 잘 안 되는 사람들은 몰입된 기분에서 좀처럼 헤어나오지 못한다. 슬프거나 속상하거나 화나는 일도 어느 정도 시간이 지나면 약화되는데, 이들은 시간이 지나고 상황이 바뀌어도 기분 전환을 잘하지 못한다. 조직이나 모임에 이런 사람이 있으면 전체의 분위기에 영향을 미친다.

우울한 감정을 조절하는 가장 좋은 방법은 첫 번째 '사전에 차단하는 것', 두 번째 '발생하고 난 후 되도록 빨리 빠져나오는 것'이다.

첫 번째 방법은 사전에 준비를 철저히 해서 우울한 일이 발생하지 않게 하는 것이다. 기대했던 결과에 미치지 못해서 기분이 우울해지는 경우가 많다면, 시행하기 전 주도면밀하게 준비해서 우울한 일을 원천 차단한다. 미리 여러 가지 사태를 예상해두고 대비하면 예상외의 문제 발생이 줄어들고 실수도 줄일 수 있다.

두 번째 방법은 우울한 감정이 생겼을 때 어떻게 하면 빨리 빠져나올까 하는 것이다. 우울한 감정을 털어버리는 데는 개인차가 크다. 실수한 것 때문에 계속 걱정하며 감정 컨트롤을 잘 못하는 사람이라면, 왜 실패했을까를 먼저 냉정하게 분석해본다. 감성보다 논리를 앞세워 사고하는 습관을 기르면 감정을 억제할 수 있다.

실패 원인을 분석하다 보면 대책이 발견되어 다음번의 실패 가능성을 줄일 수 있다. 철저한 분석이 나중에 올지 모를 우울감을 예방하는 데 도움이 되는 것이다.

멘탈 닥터's Message

우울한 감정을 조절하는 가장 좋은 방법은

사전에 차단하는 것,

발생 후 되도록 빨리 빠져나오는 것.

감성보다 논리를 앞세워 사고하는 습관을 기르면

감정을 컨트롤할 수 있다.

CASE 53

패배의식에서 빨리 벗어나지 못한다

어떤 일을 시도했다가 잘 안 되었을 때, 그 기억이 머릿속에서 떠나지 않고 끝까지 따라다니며 괴롭힌다. 다음번에 기회가 되어 다시 시작해보려고 하다가도 막상 닥치면 뒷걸음질치게 된다. 이전의 실패 경험으로 자기 평가가 낮아져서 패배의식이 생겼기 때문이다.

패배의식은 매우 부정적인 감정이어서, 패배의식에 빠져있으면 절대로 발전할 수 없다. 패배의식이 생기면 매사 자신감이 없어지고, '어차피 해봐야 안 될텐데 뭘' 하면서 뭔가 시도해보려고 하지 않는다. 시도했다가도 쉽게 포기하거나 미리 패배를 예상하며 물러서는 모습을 보인다. 시도했다가 실패하면 '내가 그럴 줄 알았다니까' 하면서 실패한 것에 대해 자기합리화를 한다. 어떻게 하면 패배의식에서 빨리 빠져나올 수 있을까.

사실 패배의식에 사로잡혀 자포자기하는 사람들 중에는 패배라고 할 수 없는 경우가 많다. 이들 중 대다수는 시도해봤다가 성과를 못 낸 것이지 패배한 것은 아니다. 그럼에도 스스로 패배로 규정짓고 더이상 도전해보려고 하지 않는다.

예를 들어 영어 테스트에서 안 좋은 점수를 받았거나, 여러 사람 앞에서 영어로 발표해야 하는데 말이 안 나와 창피했던 경험이 있는 경우, 영어에 대한 자신감이 급격히 떨어지고 패배의식에 빠져서 영어를 멀리하게 될 가능성이 있다.

하지만 그것은 패배가 아니라 도전할 시간이 부족했기 때문이다. 영어권에서 태어난 사람들이 영어를 잘하는 것은 엄청난 도전에 성공한 것이 아니라 그만큼 투자한 시간이 길었기 때문이다. 대부분의 도전은 열정을 갖고 꾸준히 시간을 투자하면 이룰 수 있다.

중요한 것은 한 번의 실패가 패배의식으로 연결되지 않도록 자신감을 갖고 맞서는 것이다. 한 번 실패했을 때 실패를 안겨준 대상과 다시 한번 정면으로 마주하면 의식을 바꾸기 쉬워질 것이다.

시간을 들여 도전해봤는데도 역시 잘 안 된다는 것을 깨달았다면 '아, 나한테는 맞지 않는 것 같네'라고 깨끗이 단념하고 좀 더 잘할 수 있는 다른 분야로 눈을 돌려보는 것도 좋다.

멘탈 닥터's Message

한 번의 실패가 패배의식으로 연결되지 않도록

자신감을 갖고 맞서야 한다.

그것은 패배가 아니라

도전할 시간이 부족했기 때문이다.

반복해서 도전하면 이룰 수도 있다.

CASE 54

자기 주관 없이 이리저리 흔들린다

'자기 주관'이 뚜렷한 사람이란 어떤 사람일까. 유행에 휩쓸리지 않고, 자기주장에 흔들림이 없으며, 필요할 때는 분명하게 'No'라고 말할 수 있는 사람. 아마도 이런 이미지를 떠올리게 되지 않을까.

자기주장을 확실하게 할 줄 아는 사람은 주관이 뚜렷한 것처럼 보여 부러움의 대상이 되기도 한다. 특히 소심한 성격을 가진 사람일수록 이런 사람을 부러워하는 경향이 있다.

확실하게 'No'라고 말하지 못한다, 나도 모르게 자꾸만 분위기를 살핀다, 내 의견을 분명하게 말하지 못한다. 사람들의 의견에 이리저리 흔들린다…. 주관 없는 자신의 특성 때문에 고민인 사람이라면 일단은 스스로를 받아들이는 것부터 시작해보자.

그래도 지금의 나 자신이 싫다면 조금씩 행동을 바꾸어본다. 예를 들어, 분명하게 'No'라고 말할 수 있게 되기를 원한다면 지금부터 조금씩 실천한다. 처음에는 거절하기 쉬운 것부터 시작해서, 익숙해지면 조금씩 단계를 올리며 시도해본다. 이처럼 행동을 바꿔나가다 보면 자연스럽게 생각도 바뀌고 자기 주관도 확실해질 것이다. 생각이야말로 절대로 하루 이틀 안에 변하지 않으므로 되풀이해 연습하는 게 중요하다.

그런데 자기 주관이 뚜렷한 사람들에게도 문제는 있다. 주관이 강한 사람은 자신의 의견을 관철하려는 경향이 많아 다른 사람과 의견이 맞지 않을 경우 갈등이 생길 수 있다. 다른 사람이 어떻게 생각하든 신경쓰지 않는 사람보다는 차라리 자기 주관을 내세우지 않는 사람이 주변과의 관계는 좋은 편이라는 사실을 기억하자.

멘탈 닥터's Message

주관 없이 흔들리는 자신이 싫다면

시간을 들여서 행동을 바꿔나가자.

행동이 바뀌면 생각도 바뀌고

자기 주관도 확실해진다.

CASE 55

쉬어야 할 때도
쉴 줄을 모른다

쉬는 날에도 일에 신경이 쓰여서 제대로 쉬지 못하겠다는 사람이 종종 있다. 성실하고 책임감이 강한 사람 중에 그런 유형이 많다. 전형적인 일중독자에게서 보이는 특징이다. 이런 사람들은 쉰다는 것 자체에 죄책감을 느끼며, 잠깐 동안이라도 손에서 일을 놓으면 불안하고 초조해하기 쉽다.

스스로의 성격 때문이 아니라 주변의 눈치 때문에 제대로 쉬지 못하는 사람도 있다. 혼자서만 게으름 피우는 것처럼 보이기 싫어 자신을 혹사하는 경우다.

사람의 체력이나 업무 강도는 그야말로 천차만별이다. 주변 사람의 평판에 신경 쓰다가 과부하로 몸의 컨디션이 망가지면 오히려 주변 사람에게 피해를 주는 결과를 가져올 수 있다. 무엇보다 신경 써야 하는 것은 주변의 평판이나 시선이 아니라 나 자신의 몸 컨디션이란 점을 명심하자.

특히 몸에 이상 신호가 나타났다면 더욱 주의가 필요하다. 과로로 인한 증상으로는 불면증, 권태감, 식욕 부진, 어깨 결림, 두통 등을 들 수 있다. 이런 증상들은 몸의 이상을 알려주는 경고등과도 같으므로, 순순히 몸이 보내는 신호를 따라서 되도록 빨리 휴식을 취하도록 하자.

노력형인 사람일수록 몸의 호소를 무시하는 경향이 많은데, 일에 성과를 내기 위해서도 휴식을 결코 소홀히 해서는 안 된다. 충분한 휴식으로 기력과 체력을 쌓아두지 않으면 좋은 성과를 낼 수 없다.

평소 몸의 소리에 귀를 기울이고, 어딘가 좀 다르게 느껴진다면 일단 멈춰서 '너무 부담이 되고 있지는 않은지' 스스로에게 질문해보는 것이 좋다. 힘들다 싶을 때야말로 쉴 때라는 점을 잊지 말도록 하자.

멘탈 닥터's Message

인생을 잘 살아내기 위해서

쉬는 시간은 참으로 중요하다!

몸이 보내는 위험 신호를 무시하지 말고

힘들다 싶을 때는 쉬어가자.

CASE 56

부정적인 사고방식이 개선되지 않는다

'긍정적으로 생각하면 인생이 바뀐다'거나, '부정적인 생각을 긍정적인 생각으로 바꾸면 행복해질 수 있다'고 하면서 긍정적인 사고의 중요성을 강조하는 책이나 글들을 많이 본다. 최고의 베스트셀러였던 〈긍정의 심리학〉 같은 것이 대표적이다.

부정적인 생각을 긍정적인 생각으로 바꾸는 것은 중요하다. 사고방식을 바꾸면 기분을 전환하는 데에도 도움이 된다. 하지만 그렇게 간단한 것은 아니다.

부정적인 사고방식을 갖고 있는 사람은 원래 갖고 있던 비관적인 성격에 지금까지의 경험이 더해져서 그런 사고를 하게 된다. 성격 + 경험이라는 이중 장치가 부정적인 사고방식을 굳어지게 한 것이므로 성격을 하루아침에 바꾸는 게 쉽지만은 않다. 책 한 권 읽은 정도로 개선할 수 있는 것이었다면 처음부터 그렇게 고민하지도 않았을 것이다.

그렇다면 부정적인 생각은 평생 변하지 않는 것일까. 물론 쉽게 변하지는 않겠지만 의식적으로 하나씩 생각을 바꿔나가면 조금씩 변할 수 있다.

그러기 위해서는 먼저 자신의 부정적인 생각을 깨닫고, 깨달은 즉시 멈추는 습관을 들여야 한다. '나는 부정적인 생각을 하는 편이다'라는 사실을 자각하고, 부정적인 생각을 하고 있다는 사실을 깨닫는 순간에 멈추는 것이다. 평소 자기의 생각하는 버릇을 의식하면서 생활하다가 부정적인 생각을 한다는 느낌이 오면 '내가 지금 부정적으로 생각하고 있네' 하고 마음속으로 소리 내어 말해본다.

하루 동안 자신이 몇 번이나 부정적인 생각을 했는지 횟수를 헤아리면 어느 정도 부정적인지를 알 수 있다. 그 횟수를 줄여나가는 훈련을 하면 생각을 바꿀 수 있다.

멘탈 닥터's Message

부정적인 사고방식이

그렇게 간단히 긍정적으로 바뀌지는 않는다.

하지만 부정적인 생각을 자각하고

의식적으로 교정해나가면

바뀔 가능성은 충분하다.

CASE 57

현실 세계에서
관계 맺기가 힘들다

요즘은 SNS를 통해 친구가 되었다거나 인터넷 상에서 알게 된 사람과 실제로 만나 관계를 맺고 있다는 이야기를 많이 듣는다. 인터넷이라는 가상의 세계에서는 사람들과 활발히 교류할 수 있는데, 실생활에서는 사람들과 관계 맺기가 참 어렵다는 고민하는 사람도 많다.

하지만 인터넷에서 맺어진 관계는 실제의 인간관계와는 달라서 실생활에서 느끼는 외로움을 근본적으로 해결해주지 못한다.

사람은 참 이상하게도 없는 것을 더 원하는 경향이 있다. 복잡한 인간관계에 지쳐서 조용히 혼자 살고 싶어 하다가도 막상 혼자가 되고 나면 외로움을 호소한다. 여럿일 때는 복잡해서 싫고 혼자일 때는 외로워서 견디기 힘들어한다. 인생에서 어떤 경우든 백 퍼센트 만족할 수는 없고 정답이란 것도 없다. 그때그때 자기 편한 대로 생각하며 살면 된다.

그렇다면 고독이라는 것도 '혼자 있을 때야말로 조용하고 느긋하게 시간을 보낼 수 있어 좋다'고 긍정적으로 생각하는 것은 어떨까. '모처럼 혼자가 되었으니 이 시간은 마음껏 즐겨보자'고 생각한다면 마음에 조금 여유가 생길 것이다.

다시 가상세계의 인간관계로 돌아가보자. 요즘은 현실보다 가상에서의 인간관계가 더 활발한 시대가 되었다. 인터넷상의 인간관계라도 허구는 아니다. 최근에는 SNS에서 알게 되어 만남을 지속하거나 결혼에까지 이르는 사람도 늘어나는 추세다. 현실과 가상세계 사이의 경계가 조금씩 무너져간다고도 할 수 있다.

현실에서 관계 맺기가 힘들다면 SNS를 통해 소통을 늘려나가는 것도 좋다. 인터넷상에서 교류하다가 점점 신뢰가 쌓이면 자연스럽게 현실 세계의 만남으로 이어갈 수도 있다. 인터넷이라는 공통의 관심사로 더욱 깊은 유대 관계를 맺을 수 있다는 점에서 바람직하다.

멘탈 닥터's Message

친구가 많지 않다고 비관할 필요는 없다.

현실에서 관계 맺기가 힘들다면

SNS를 통해 소통을 늘리는 것도 좋다.

인터넷상에서 교류하다가

현실 세계의 만남으로 이어갈 수도 있다.

CASE 58

지금 하는 일이 나와 맞지 않는 것 같다

직업이 인생에서 큰 비중을 차지한다는 것은 틀림없는 사실이다. 사람들은 살아가기 위해서 돈을 벌어야 하고, 돈을 벌기 위해서는 직업을 가져야 한다. 그렇기 때문에 어떤 직업을 가질지가 매우 중요하고, 어떤 직업을 선택하느냐에 따라 그 후의 삶이 달라지기도 한다.

하지만 유감스럽게도 최선이라고 생각해서 고른 직업이 자기와 맞지 않는 경우가 있다. 어떻게 해야 좋을지 고민하며 주변 사람들과 의논해 봐도 뾰족한 해결책은 없다. “그렇다면 빨리 그만두는 게 낫다”라고 말해주는 사람이 있는가 하면, “어떻게 들어간 직장인데, 좀 더 다녀보는 게 낫지 않아?”라고 말하는 사람도 있다.

다른 사람들의 의견은 어디까지나 참고 사항에 불과할 뿐 최종 결정은 자신이 하는 것이다. 결정한 것에 대한 책임도 자기 자신이 져야 한다. .

업무 스트레스로 몸과 마음에 병이 생겼다거나 직장 내 괴롭힘 때문에 견디기 힘들다면 고민할 것도 없이 당장 직장을 그만둬야 하겠지만, 그런 경우가 아니라면 업무에 나를 맞춰갈 수는 없을지, 현재 환경에서 할 수 있는 일은 없을지 생각해보자. 무엇보다 자기 일에 백 퍼센트 만족하는 사람은 드물다는 사실을 명심하고 '나와는 맞지 않는 것 같으니 당장 그만둬야겠다'며 곧바로 행동으로 옮기는 것은 자제하도록 한다.

"맞지 않는 일을 계속해야 할 것인가"라는 질문에 대한 명확한 답은 없다. 개개인의 상황이나 심리 상태에 맞춰서 판단하는 수밖에 없다.

자기가 하고 싶은 것을 실현할 수 있고, 그것으로 생활을 해나갈 수 있는 직업을 가진다면 그보다 더 바람직한 것은 없다. 하지만 이상과 현실을 동시에 충족할 수 있는 직업을 구하는 것은 운명적인 사람을 만나는 것만큼이나 어렵다. 직업에서 무엇을 어디까지 추구할 것인가, 그것은 오롯이 당신의 결단에 달려 있다는 사실을 잊지 말라.

멘탈 닥터's Message

결단을 내리기 어려울 때는

잠시 보류한 다음,

자신을 업무에 맞추도록 노력하는 것도

하나의 방법이다.

CASE 59

변화에 뒤처질지 모른다는 불안감이 있다

요즘은 눈이 휘둥그레질 정도로 세상의 변화가 빠르다. 특히 2000년대 이후 변화의 속도는 엄청나다. 지금 일상생활에서 없어서는 안 될 존재인 스마트폰이나 SNS도 그 역사가 10년 조금 넘었다는 것을 생각하면 21세기의 기술 변화가 놀라울 뿐이다.

최근에는 AI라든가 메타버스 개념이 발달하면서, 인간에게 도움을 주기 위해 생겨난 편리한 기술이 오히려 우리의 일자리를 위협하는 상황이 되어버렸다. 사람들 간의 소통을 돕는 소셜 네트워크 서비스가 오히려 'SNS 왕따'를 만들어내는 등 부정적인 측면도 드러나고 있다.

긍정적이든 부정적이든 숨가쁘게 변화하는 세상의 속도에 잘 순응하지 못해 초조함을 느끼는 사람들이 있다. 예전에는 5년 후, 10년 후의 미래를 어느 정도 예측할 수 있었지만, 현대에는 그것이 굉장히 어려워졌다. 그렇다면 세상 변화에 잘 따라가지 못하고 미래의 전망에 대해 불안감을 느끼는 사람들은 어떻게 대처하는 것이 좋을까.

그런 사람들에게 해주고 싶은 말은 '본질은 변하지 않는다'

는 것이다. 기술은 진화하고 현대 사회에는 엄청난 양의 정보가 흘러넘치고 있지만 살아가기 위해 필요한 것은 본질적으로는 달라진 게 없다. 극단적으로 말해, 아무리 기술이 발전한다 하더라도 의식주가 갖춰져 있고 생활할 수 있는 최소한의 돈만 있다면 우리는 어떻게든 살아갈 수 있다.

사실, 변화의 속도를 따라가지 못해서 생기는 초조함은 생존에 대한 불안감보다는 주변 사람들보다 뒤처질지 모른다는 불안감에서 비롯된 것이라고 할 수 있다. 그렇다면 다른 사람보다 뒤처질 것 같다는 느낌을 멀리하고 원하는 것에 집중하는 삶을 사는 것이 어떨지…. 자신이 진정으로 필요로 하는 것, 소중하다고 느끼는 것에 집중하면 삶이 조금은 더 심플해질 것이고, 허겁지겁 시대를 좇아갈 필요는 없다는 사실을 깨닫게 될 것이다.

세상 변화가 빠를수록 주위의 분위기에 휩쓸려갈 것이 아니라 내면에 단단한 중심을 지키며 살아가는 자세가 더욱 절실히 요구된다고 하겠다.

멘탈 닥터's Message

변화가 빠르다는 것은

쇠퇴도 그만큼 빠르다는 뜻이기도 하다.

이것저것 다 덤비지 말고

자기에게 진짜 필요한 것인가를

진중하게 들여다보는 게 중요하다.

6장

아무도 알아주지 않는다

좋아하는 일을 하며 살고 싶다

마음을 털어놓고 이야기 나눌 사람이 있으면 좋겠다

다른 사람으로부터 인정받고 싶다

성과가 나오지 않아 슬럼프에 빠졌다

일에서 보람을 찾을 수가 없다

발전 없는 단순 작업에 회의가 든다

출근, 퇴근의 반복으로 무기력증에 빠졌다

직장에서 마음 둘 곳이 없다

불평, 불만을 토해내고 싶다

막연한 불안감이 나를 지배하고 있다

이대로 괜찮은 걸까 고민이다

CASE 60

좋아하는 일을 하며 살고 싶다

좋아하는 일을 하면서 돈도 벌 수 있다면 얼마나 좋을까? 요즘은 일과 놀이의 구분이 없는 삶의 방식이 주목을 받고 있어서인지, 취미가 직업이 되어 성공한 사람들을 보면 부러운 생각까지 든다. 반대로, 좋아하지 않으면서 직업이기 때문에 어쩔 수 없이 그 일을 하는 사람들을 안됐다는 듯이 바라보기도 한다.

하지만 좋아하는 일을 하며 산다는 것이 꼭 좋은 것만은 아니다. 좋아하는 일을 하면서 높은 소득을 올리는 사람은 극히 일부에 불과하다. 게다가 그런 사람 중에는 좋아서 직업으로 선택했는데 막상 해보니 수익을 내는 게 쉽지 않은 경우도 많다. 좋아하던 일이 직업이 되고 보니 오히려 좋아하지 않게 되었다는 사람도 있다.

"나는 이 일이 좋아서 하는 거야!"라고 하면서 자기가 하는 일을 스스로 합리화하는 사람도 있다. 자기가 하는 일을 좋아하고 있다고 스스로 세뇌시키면서 자신의 생각과 행동에 일관성이 있음을 보여주려는 것이다. 결론적으로 말해, 좋아하는 일을 하면서 살고 있지 않다고 비관하거나 좋아하는 일을 하면서 산다고 우쭐할 필요는 없다.

사실 이보다 더 안타까운 것은 자기가 좋아하는 것이 무엇인지도 모르는 사람이다. 정확히 말하면 좋아하는 것은 있지만 그것을 즐길 줄 모르는 것이다. 일만 하느라 자기가 뭘 좋아하는지 생각해볼 여유조차 없었다면 이제부터라도 자신을 위한 시간을 가져보자. 자연스럽게 관심과 흥미가 생기는 것을 발견했다면 그것에 시간을 보내면 된다.

누구든 좋아하는 일만 하면서 살 수는 없다. 그나마 일이 있어서 좋아하는 것도 누릴 수 있다는 것을 행복으로 알아야 한다.

멘탈 닥터's Message

좋아하는 일을 하면서

높은 소득을 올리는 사람은 일부에 불과하다.

누구든 좋아하는 일만 하면서 살 수는 없다.

일이 있어서 좋아하는 것도 누릴 수 있다는 걸 알자.

CASE 61

마음을 털어놓고 이야기 나눌 사람이 있으면 좋겠다

다른 사람의 마음을 이해하는 것은 정말 어려운 일이다. 정신과 의사로 수많은 사람과 상담을 하는 나도 그런데 보통 사람들은 훨씬 더 할 것이다.

괴로운 일이나 고민거리가 있을 때 사람들은 누군가에게 털어놓고 이야기를 나누고 싶어 한다. 다른 사람에게 털어놓는다고 문제가 해결되는 것은 아니지만, 자신의 괴로움을 입 밖에 내서 말하는 것만으로도 마음이 편안해진다. 상대방이 공감하며 이야기를 들어주면 위안을 받기도 한다.

하지만 이때 지나친 기대는 하지 않는 것이 좋다. 상대방에게 공감이나 인정을 기대하고 마음을 털어놓았는데 그게 이루어지지 않았을 때 불만이나 원망으로 이어질 수 있기 때문이다. 상대방이 어떤 반응을 보이는가는 내 기대대로 되는 게 아니다. 다른 사람과 상담을 할 때는 상대방이 전적으로 내 편이 돼서 이해해줄 것이라고 기대하지 말고 내 이야기를 들어줄 사람이 있다는 것만으로 충분하다고 생각하자.

간혹 내 이야기에 충고나 반대 의견을 펼치려 드는 사람도 있다. 이 경우 고민이 해소되는 것이 아니라 오히려 기분만 더 불쾌해질 수 있다. 그 사람에게 내 마음을 털어놓았다는 사실 자체를 후회하게 되기도 한다.

내 이야기에 훈계나 충고부터 하려는 사람에게는 미리 “내 이야기를 들어주기만 하면 돼”라고 미리 못을 박아둔다. 그래도 효과가 없다면 아마도 그 사람은 상담 상대로 적절하지 않을지도 모른다. 마음을 편하게 하려다가 오히려 기분이 나빠지는 경험을 하지 않으려면 상담 상대를 잘 골라야 한다.

멘탈 닥터's Message

상대방의 마음을 온전히 이해하는 것은 어렵다.
고민 상담을 할 때 지나친 기대를 하지 말고
내 이야기를 들려줄 기회가
생겼다는 것으로 만족하자.

CASE 62

다른 사람으로부터
인정받고 싶다

다른 사람으로부터 자신의 존재를 인정받고 싶은 마음을 '승인 욕구'라고 한다. 오늘날과 같은 경쟁 사회에서는 특히 승인 욕구가 두드러지는 경향이 있다. SNS에서 '좋아요'나 댓글 숫자에 민감하게 반응하는 것도 다른 사람으로부터 인정받고 싶어 하는 욕구의 일종이다.

승인 욕구는 부모나 친구, 주변 사람들에게 내가 꼭 필요한 사람이라는 것을 확인받고 싶어 하는 마음이다. 다른 사람에게 인정받고 싶어 하는 마음은 어린아이에게만 있는 것으로 착각하기 쉬운데, 나이를 불문하고 인간에게는 다 있는 기본 욕구다.

자신의 현재 상황에 만족하지 못하는 사람일수록 승인 욕구가 강하다. 자기 자신을 인정할 수 없으니 대신 다른 사람의 평가를 구해 안심하고자 하는 심리가 작용하기 때문이다. 승인 욕구가 유난히 강한 사람 중에 윗사람의 눈치나 살피고 인정을 받기 위해 주변 사람들을 밀치고 올라서려는 사람도 있다. 이런 사람들은 대부분 자존감도 낮은 편이다.

승인 욕구를 충족시키기 위해 다른 사람에게 지나치게 의존하는 것은 이런 부작용을 낳는다. 다른 사람을 만족시키는 것으로 승인 욕구를 채우려 하지 말고 스스로를 충족시키는 것이 중요하다.

이를 위해 하루에 한 가지씩 스스로에게 인정받을 수 있는 과제를 수행하고 메모장에 체크해보자. 체크 표시가 늘어나면서 스스로를 인정하게 되고, 결국은 남들도 인정해주는 사람이 된다. 꾸준히 하다 보면 자신감이 생기고 자기 긍정감도 높아진다.

자신감이 높아지면 다른 사람의 승인에 의존하는 비율은 자연스럽게 줄어든다. 승인 욕구를 타인이 아닌 자신에게서 충족하게 되면 분명 멘탈도 건강해지고 인간관계도 보다 안정적으로 변화될 것이다.

멘탈 닥터's Message

승인 욕구를 갖는 것 자체는 나쁘지 않다.

다만, 다른 사람에게 의존해서 충족하려 하지 말고

자신이 스스로 인정하는 게 중요하다.

CASE 63

성과가 나오지 않아 슬럼프에 빠졌다

모든 것에는 그 나름의 리듬이 있다. 아침이 지나면 밤이 온다. 맑은 날이 있는가 하면 비 오는 날도 있다. 우리 인간에게도 각자 특유의 리듬이 있다.

컨디션이나 성취도 각자의 리듬에 따라 변동이 있다. 컨디션이 나쁠 때는 지금껏 잘하던 것도 잘 되지 않고, 잘 안 될수록 마음은 더욱더 초조해진다. 다만 다행인 것은, 대부분 그런 상태가 쭉 계속되지는 않는다는 사실이다.

원래의 컨디션으로 돌아가기 위해서는 지금의 안 좋은 상태에 너무 무게를 두지 않는다. 무엇보다 자신의 회복탄력성을 믿는 것이 중요하다. 지금 성과가 나지 않았지만 다음번에는 문제없이 성과를 낼 수 있다고 믿는 자세가 필요하다.

이와 동시에 지금 상태에서 할 수 있는 작은 것부터 조금씩 시작해본다. 정지했던 자동차는 다시 출발하려면 속도가 빨리 나지 않는다. 마찬가지로 성과가 나오지 않을 때는 일단 멈춰서서 가장 부담이 적은 것에서부터 시작하는 것이 좋다.

슬럼프에 빠졌을 때 대부분은 자신에게 부담되는 일을 반복하고 있는 경우가 많다. 일이 잘 안 풀릴수록 부담이 큰 것에 집착하지 말고 간단한 것부터 해결하는 것이 바람직하다. 작은 것부터 하나씩 해결하는 편이 결과적으로는 슬럼프에서 빠져나오는 계기가 된다. 거기에서부터 슬슬 속력을 낸다면 반드시 성과를 낼 수 있을 것이다.

슬럼프 극복에 도움이 되는 팁으로는 일찍 자고 일찍 일어날 것, 오늘 꼭 하지 않아도 되는 일은 내일로 미룰 것, 내키지 않는 일은 억지로 하지 말 것 등이다. 조금이라도 부담을 덜 수 있는 쪽으로 행동하는 것이 슬럼프 극복에 도움이 된다.

멘탈 닥터's Message

슬럼프에 빠졌거나 일이 잘 안 풀린다면
일단 멈춰서 간단한 것부터 해결한다.
조금이라도 부담을 덜 수 있는 쪽으로
행동하는 것이 슬럼프 극복에 도움이 된다.

CASE 64

일에서 보람을 찾을 수가 없다

일에서 얻는 보람이란 무엇일까? 보람이란 '어떤 일을 한 뒤에 얻어지는 좋은 결과나 만족감'을 가리킨다. 보람은 자기가 하는 일에 대한 자부심과도 관련이 있다.

정신과 의사로서 '이게 내가 일하는 보람이다'라고 생각하는 경우는 거의 환자와 관련되어 있다. 치료가 잘돼서 환자가 밝은 모습으로 진료실을 나갈 때, 환자에게서 감사 인사를 받을 때 보람을 느끼고, 요즘은 유튜브를 통해서 수많은 사람들과 만나며 그들의 이야기를 듣고 상담하면서 보람을 느끼기도 한다. 반면, 일을 하다 보면 치료가 잘 되지 않아 스트레스를 받을 때도 있고 환자의 말에 상처를 받기도 한다.

요즘은 사람들이 무슨 일을 하든 의미를 부여하려는 경향이 많다. 그래서 자신이 하는 일에서도 보람을 찾으려고 한다. 하지만 보람은 억지로 찾으려고 한다고 해서 찾아지는 게 아니다. 어디까지나 일에 대한 결과일 뿐, 보람을 목적으로 일하는 경우는 거의 없다.

누군가로부터 "일하는 보람이 뭐죠?"라는 질문을 받는다면 당신은 어떤 대답을 하게 될까? 준비된 모범 답안이 술술 또박 또박 나올 수 있을까?

'일에서 보람을 느낄 수 없다'며 직장생활 자체에 회의가 든다고 호소하는 사람들이 있다. 이런 사람들은 자신에게 초점을 맞추어 이 일이 나에게 어떤 도움이 되는지 생각해보자. 대부분의 사람에게 일은 어디까지나 돈을 버는 수단이다. 이 일을 함으로써 의식주를 해결하고, 하고 싶은 취미활동도 할 수 있다면 그것이 보람 아닌가. 경력이 쌓이면서 직장에서 한 분야의 역할을 담당한다면 그것도 일하는 보람일 것이다. 남에게 피해를 주는 것이 아니라면 모든 일은 의미가 있고, 의미가 있다면 보람도 발견할 수 있다.

직장에서든 일에서든 보람이 없다고 불평할 것이 아니라 일하면서 즐거운 순간을 되도록 많이 포착하고 스트레스를 줄이는 게 현명하지 않을까.

멘탈 닥터's Message

이 일을 함으로써 의식주를 해결하고

하고 싶은 취미활동도 할 수 있다면

그것이 보람 아닐까.

일하면서 즐거운 순간을 소중하게 여기자.

CASE 65

발전 없는 단순 작업에 회의가 든다

일반적으로 단순 작업은 귀찮기만 하고 똑같은 일의 반복이라 따분한 법이다. 단순 작업을 하다 보면 일에 대한 동기 부여가 되지 않는다. '이 일을 하려고 그렇게 힘들게 취업 준비를 했나' 싶어 회의가 들기도 하지만, 대부분 직장에 신입사원으로 들어가면 처음에는 통과의례처럼 단순 작업부터 일을 시작하는 경우가 많다.

그럴 때는 '피할 수 없다면 즐겨라'라는 자세로 어떻게 하면 이 일을 즐길 수 있을까 연구해보자. 마치 게임이라도 하는 듯한 감각으로 처리해보는 것이다.

사람은 단순 작업을 할 때보다 창조적인 일을 할 때 동기 부여가 더 잘 된다고 한다. 그런 점을 생각해서 단순 작업을 창조적으로 처리하는 것이다. '단순 작업을 재미있게 하는 방법'을 가능한 한 많이 생각해본다.

예를 들어, 반복해서 할 필요가 있는 작업이라면 '오늘은 몇 분 만에 끝낼 수 있을까?'라든가 '최고 점수를 한번 내보자'라는 식으로 생각해본다. 영혼 없이 그저 묵묵히 손만 움직일 때보다 훨씬 의욕이 생길 것이다. 단순 작업을 어떻게 하면 즐겁

게 할 수 있을까를 궁리하다 보면 상상력도 풍부해지고, 이것이 사고 트레이닝으로도 이어질 수 있다.

이렇게 계속하면 결과적으로 어떤 환경에도 적응할 수 있는 사고방식이 몸에 붙게 된다. 사소한 것이더라도 평소 방법을 궁리하는 자세가 중요하다. 따분하게 여겨지는 일을 즐길 수 있는 능력은 여러 가지로 도움이 된다. 단순 작업을 맡았을 때는 그런 힘을 익힐 좋은 기회라고 발상을 전환하면 좋겠다.

멘탈 닥터's Message

단순 작업은 따분한 것이라는 선입견을 갖고 있으면
뇌가 그것을 '하고 싶지 않은 것'으로 받아들인다.
그럴 때는 '피할 수 없다면 즐겨라'라는 자세로
어떻게 하면 이 일을 즐길 수 있을까 연구해보자.

CASE 66

출근, 퇴근의 반복으로 무기력증에 빠졌다

일반적인 직장인이라면 생활 패턴은 거의 비슷할 것이다. 월요일 아침부터 금요일 밤까지 일하느라 정신없다가 주말이면 피로를 풀기 위해 느긋하게 쉬거나 가까운 곳에 외식하러 나간다. 문득 정신을 차려보니 일요일 오후. 이제 몇 시간만 지나면 월요일이 시작된다. 아, 우울해…. 생각만 해도 피로가 몰려오는 듯한 느낌이 든다.

이런 나날이 되풀이되다 보면 앞으로도 이처럼 다람쥐 쳇바퀴 돌듯 하는 생활이 계속되는 게 아닐까 걱정되는 것도 무리가 아니다. 하지만 실제로는 하루하루의 행동에 따라 미래가 전혀 다르게 변한다.

예를 들어 원래 능력이 100이었던 사람이 하루에 1씩 성장한다고 해보자. 그 사람은 다음날이면 101이 된다. 1이라고 하면 별 대수롭지 않은 숫자 같지만, 이것을 365일 반복할 경우 놀랍게도 100이 3천 778개 붙게 된다. 하루에 1씩밖에 늘지 않던 숫자가 시간이 흐름에 따라 기하급수적으로 늘어나기 때문이다.

이렇게 5년 동안 지속한다면 약 7만 7천 개라는 놀라운 숫자가 나온다. 하루하루가 쌓이다 보면 미래에 이렇게 큰 차이가 생긴다는 점을 기억해두자. 매일의 작은 변화로 미래가 달라지는 것이다.

어제가 오늘 같고 오늘이 내일 같은 생활에 지쳐 있다면 조금이라도 좋으니 날마다 생활에 작은 변화를 줘보는 것은 어떨까. 극적인 변화는 어렵겠지만 작은 변화를 계속해나가다 보면 미래의 모습이 조금씩 달라질 것이다. 지금의 상태를 조금이라도 바꾸고 싶다면 부담이 되지 않는 범위 안에서 할 수 있는 것에 도전해보자.

멘탈 닥터's Message

매일의 사소한 변화가 미래를 좌우한다.

그러기 위해서는 조금씩이라도 좋으니

할 수 있는 일을 시도해보자.

CASE 67

직장에서 마음 둘 곳이 없다

직장생활이 재미없다는 사람 중에는 직장 자체보다는 구성원들과의 문제 때문인 경우가 많다. 이들은 직장문화가 뭔가 자신과 맞지 않아 직장에서 마음 둘 곳이 없다고 호소한다. 자기가 소속된 회사에서 좋은 관계를 쌓을 수 있는 상대를 만나느냐 못 만나느냐는 운에 달려 있다.

그 회사의 분위기를 어느 정도는 미리 알 수 있다 하더라도 실제로 배치되는 부서나 업무 내용에 따라 같이 일하게 되는 사람이 다르면 분위기도 달라진다. 그곳에서 잘 맞는 사람들을 만난다면 다행이지만, 잘 맞지 않으면 직장생활이 힘들어질 수 있다. 주변과 어울리지 못해 고립감을 느끼고 비참한 생각까지 든다는 사람도 있다. 그런 환경에서 생활하게 된다면 어떻게 해야 할까.

부서를 옮긴다거나 이직을 해서 상황을 개선하는 것이 최선이지만, 그렇게 쉽지만은 않다. 그럴 때는 생각을 바꾸어 다른 곳으로 눈을 돌려보자. 현재 소속된 직장에서는 별다른 기대를 하지 말고 취미나 사고방식이 비슷한 사람들끼리 커뮤니티를 별도로 갖는 것이다.

인터넷을 이용하면 직장 이외의 커뮤니티를 쉽게 찾을 수 있다. 같은 취미를 가진 사람들끼리의 모임이라면 가치관도 비슷하고 대화도 잘 통할 것이다. 외부 커뮤니티는 구속력이 있는 조직이 아니기 때문에 일단 참여해보고 자기와 잘 맞지 않으면 조용히 떠나면 그만이다.

직장 밖에서 자기에게 맞는 커뮤니티를 찾을 수 있다면 업무 이외의 시간이 훨씬 화려해지고 삶의 질이 달라질 것이다. 퇴근 후 커뮤니티에 참여할 것을 기대하며 기분 좋게 일하면 평소의 업무에도 좋은 영향을 미친다. 직장에서의 인간관계로 고민하는 사람은 직장 이외의 곳에 마음 둘 만한 것을 만든다는 선택지를 고려해보자.

멘탈 닥터's Message

직장 내의 인간관계는 운에 달려 있다!

거기서 기대할 게 없다면

마음 둘 만한 다른 곳으로 눈을 돌려보자.

직장 밖에서라도 맞는 커뮤니티를 찾는다면

삶의 질이 달라질 것이다.

CASE 68

불평, 불만을 토해내고 싶다

부정적인 감정을 해소하지 못하고 계속해서 억누르다 보면 자기 내부에 부정적인 감정의 찌꺼기가 쌓여 눌어붙어 버리게 된다. 그렇게 되면 자기도 모르게 부정적이고 비관적인 사람으로 굳어지게 될 수 있다. 가능하면 정기적으로 토해내 버리는 게 바람직하다.

그렇지만 부정적인 느낌을 토해내기가 쉽지만은 않다. 친구나 가족에게 걱정시키고 싶지 않다거나, 자신의 약한 부분을 보이고 싶지 않아서 혼자만 쌓아두는 사람도 많다.

그런 사람은 불평, 불만 같은 부정적인 감정을 토해낼 장소로 SNS를 활용해보는 게 어떨까. 구덩이를 파고 그 속에 "임금님 귀는 당나귀 귀"를 외쳤던 이솝우화처럼 SNS를 이용하는 것이다.

인터넷에는 '익명 게시판'이라는 것이 있어 잘만 활용하면 꽤 유용하다. 아무한테나 말할 수 없는 불평, 불만이 있다면 이런 익명 게시판에 올려보자. 내 마음을 털어놓는 것만으로도 안정이 되고, 자기와 비슷한 생각을 하는 사람으로부터 격려와 공감을 받을 수 있어 기분 전환이 되기도 한다.

하지만 잘못 사용했다가 오히려 더 나빠지는 수가 있으므로 주의해야 한다. 중요한 것은 부정적인 기분으로 다른 사람을 공격하거나 비방, 중상하는 일이 없어야 한다는 것이다. 자신의 기분을 우선시하다가 다른 사람에게 상처를 주는 일이 없도록 조심한다.

익명 게시판은 어디까지나 현실에서 드러내놓고 밝히기 힘든 것을 털어놓을 수 있는 도구일 뿐이다. 수단이 목적이 되지 않도록 조심하자.

멘탈 닥터's Message

부정적인 감정은 가능하면 정기적으로 토해낸다.

불평, 불만을 토해낼 장소가 없다면

인터넷의 익명 게시판을 활용해보자.

다만, 그 사용법에는 충분한 주의가 필요하다.

CASE 69

막연한 불안감이 나를 지배하고 있다

불안감을 해소하기 위해서 머릿속에 있는 걱정거리를 글로 써보라는 말을 들은 적이 있는지…. 지금 불안감을 느끼고 있다면 꼭 실천해보기를 권한다.

정신의학에서는 불안을 '대상이 분명하지 않은 막연한 공포나 긴장감 같은 불쾌한 감정'이라고 정의한다. 뭔지 잘 모르니까 무섭고 어떻게 대처해야 좋을지 모르겠다는 것이 불안감을 느끼는 사람들의 공통된 고민이다.

걱정거리를 글로 적어보면 불안의 전체적인 모습이 확실하게 드러나고 자기가 무엇에 대해 두려움을 품고 있는지 명확해진다. 그러면 그것을 해결하기 위해 무엇이 필요한지 알게 되며 그것만으로도 마음속의 불안감이 조금씩 가벼워지게 된다.

예를 들어 갑자기 불안감에 휘말릴 때는 머리로 그 원인을 생각해 종이에 적어본다. 그렇게 하면 '미래가 불안하다'라든가 '다음 주의 프레젠테이션이 불안하다' 같은 구체적인 내용이 나올 것이다.

그다음에는 그 종이를 바라보면서 어떻게 하면 불안감이 가벼워질 수 있을까 생각해본다. 미래가 불안하다면 이제부터 건강을 잘 챙긴다, 저축을 한다 등과 같은 구체적인 대책이 떠오를 것이다. 프레젠테이션이 불안하다면 실수하지 않게 대책을 세울 수 있을 것이다. 불안을 종이에 적어 명확히 하면 다음에 나아갈 방향을 알 수 있고, 불안의 무게가 일종의 과제처럼 다소 가벼워진다.

자신도 알 수 없는 막연한 불안이 장기간 계속될 때는 '불안 장애'라는 정신질환을 의심해볼 수 있다. 불안 장애는 불안을 제어하는 브레이크가 고장난 상태로, 증상이 계속되면 일상생활에도 나쁜 영향을 미친다. 구체적으로는 가슴이 두근거리고, 외출하는 것을 두려워하며, 잠 못 자는 증상이 나타난다. 불안 장애가 심할 때는 스스로 진정시키기 어려우므로 빨리 정신과 상담을 받는 게 바람직하다.

멘탈 닥터's Message

불안의 원인을 파고들어 가다 보면

구체적인 내용을 알 수 있어

불안의 무게가 다소 가벼워진다.

원인을 알 수 없는 불안이 장기간 계속된다면

정신과 상담을 받는 것이 좋다.

CASE 70

이대로 괜찮은 걸까 고민이다

특별히 곤란한 일이 있는 것도 아닌데 막연한 불안감에 쌓이는 경우가 있다. 막연한 불안감의 원인을 찾아보면 '구체적인 목표가 없기 때문'인 경우가 많다. 정신과에서는 목표를 잃었을 때 나타나는 정신적인 문제를 가리키는 증례가 많다. 대표적인 것이 빈둥지증후군, 번아웃증후군, 우울증 등이다.

사람은 뭔가 목표가 없으면 나아갈 방향이나 해야 할 일을 정하지 못하고, 그 결과 뭘 해야 할지 알 수 없어 막연한 불안감을 느끼게 된다. 막연한 불안감을 갖고 있는 사람은 어디로 가야 할지 방향을 몰라 멈칫거리는 상태라고 할 수 있다.

뭘 해야 할지 알 수 없어 막연한 불안감을 느낀다면 가장 중요한 해결책이 목표를 정하는 것이다. 목표를 정하는 것은 훈련이 필요하다. 당장은 거창한 목표가 아니어도 상관없다. 예를 들어 '사흘 후에 친구랑 놀러 가야겠다'라거나 '이번 주 안에 방 정리를 좀 해야겠다'는 정도의 사소한 예정이면 된다.

작은 목표를 세우는 데 익숙해지면 다음에는 목표를 크게 잡아가도록 한다. 조금씩 가능한 일이 많아지면 시야가 넓어져서 하고 싶은 일이나 관심이 가는 일이 나타날 수도 있다. 목표가 보이면 나아갈 방향도 보이게 되고, '이대로도 괜찮은 걸까' 하며 미래에 대해 고민하는 일도 줄어들 것이다.

사람은 목표가 있어야 행동에 브레이크가 걸리지 않고 막연한 불안감에 휩싸이지 않는다는 사실을 기억하자.

멘탈 닥터's Message

이대로 있어도 되는 걸까,

잘 모르겠다면 작은 목표를 세워보자.

작은 목표를 달성하면 점점 큰 목표를 세워나간다.

목표가 보이면 나아갈 방향도 보이게 되고,

고민하는 일도 줄어든다.

통증 다스리고 체형 바로잡는

간단 속근육 운동

통증의 원인은 속근육에 있다. 한의사이자 헬스 트레이너가 통증을 근본부터 해결하는 속근육 운동법을 알려준다. 마사지로 풀고, 스트레칭으로 늘이고, 운동으로 힘을 키우는 3단계 운동법으로, 통증 완화는 물론 나이 들어서도 아프지 않고 지낼 수 있는 건강관리법이다.

이용현 지음 | 156쪽 | 182×235mm | 12,000원

남자들을 위한 최고의 퍼스널 트레이닝

1일 20분 셀프PT

혼자서도 쉽고 빠르게 원하는 몸을 만들도록 돕는 PT 가이드북. 내추럴 보디빌딩 국가대표가 기본 동작부터 잘못된 자세까지 차근차근 알려준다. 오늘부터 하루 20분 셀프PT로 남자라면 누구나 갖고 싶어하는 역삼각형 어깨, 탄탄한 가슴, 식스팩, 강한 하체를 만들어보자.

이용현 지음 | 192쪽 | 188×230mm | 14,000원

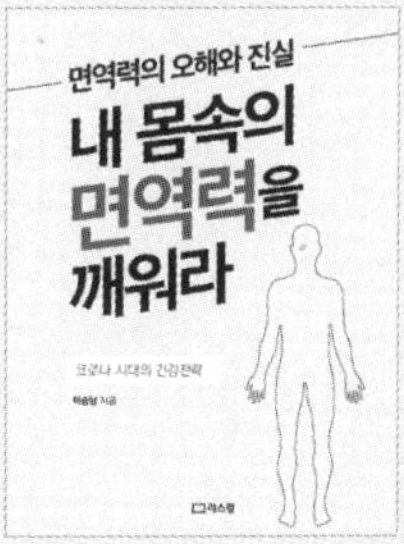

면역력의 오해와 진실

내 몸속의 면역력을 깨워라

면역력에 죽고 면역력에 사는 시대. 국민주치의 이승남이 우리 몸속 면역 시스템을 알기 쉽게 설명한다. 식습관부터 생활습관까지 면역력을 높이는 데 필요한 것은 물론 면역력에 대한 오해와 진실을 명쾌하게 알려줘 생활 속 잘못된 습관을 바로잡고 면역력을 높일 수 있다.

이승남 지음 | 304쪽 | 152×225mm | 15,000원

유익한 정보와 다양한 이벤트가 있는 리스컴 SNS 채널로 놀러오세요!

블로그
blog.naver.com/leescomm

인스타그램
instagram.com/leescom

유튜브
www.youtube.com/c/leescom

지은이 | 멘탈 닥터 시도
옮긴이 | 이송희

편집 | 김연주 이희진
디자인 | 이미정
마케팅 | 김종선 이진목
경영관리 | 서민주

출력·인쇄 | 금강인쇄

펴낸이 | 이진희
펴낸 곳 | (주)리스컴
www.leescom.com

초판 1쇄 | 2021년 8월 5일
초판 4쇄 | 2022년 3월 21일

주소 | 서울시 강남구 밤고개로 1길 10, 수서현대벤처빌 1427호
전화번호 | 대표번호 02-540-5192
영업부 02-540-5193
편집부 02-544-5922, 5933, 5944
FAX | 02-540-5194
등록번호 | 제2-3348

ISBN 979-11-5616-232-2 13190
책값은 뒤표지에 있습니다.